맥점 모르고
바둑 두지 마라

모르고
두지 마라

전원바둑연구실 지음

전원문화사

맥점 모르고 바둑 두지마라

2016년 8월 20일   2판 1쇄 발행

지은이 * 전원바둑연구실
펴낸이 * 남병덕
펴낸곳 * 전원문화사
07689 서울시 강서구 화곡로 43가길 30. 2층
        T.02) 6735-2100   F.6735-2103
E-mail * jwonbook@naver.com
등록 * 1999년 11월 16일   제 1999-053호

머 리 말

바둑의 진정한 실력은 힘이 얼마나 강한가에 따라 결정되게 마련입니다. 이 힘은 돌과 돌이 부딪치는 접근전에서 특히 중요하게 작용하는데, 힘이 약하다면 결코 전투에서 좋은 결과를 기대할 수 없습니다. 그렇다면 어떻게 해야 이처럼 중요한 힘을 키울 수 있을까요? 힘을 키울 수 있는 방법은 크게 두 가지로 생각할 수 있습니다.

첫 번째 방법은 수읽기 능력을 키워야 한다는 것입니다. 수읽기란 표현 그대로 수를 읽는 능력을 말합니다. 전투 과정에서 아무리 복잡한 변화가 이루어진다고 해도 모든 변화를 정확히 읽어낼 수만 있다면 패배할 가능성은 거의 없습니다. 반면에 몇 수 앞도 내다볼 수 없다면 항상 불안에 떨며 바둑을 둘 수밖에 없을 것입니다. 이것은 곧 패배로 이어질 가능성이 아주 높습니다.

두 번째 방법은 모양에 밝아야 한다는 것입니다. 모양이란 어떤 특정한 장면에서 바둑돌들이 갖추어야 할 올바른 형태를 말합니다. 수읽기는 이 모양을 기본 틀로 삼고 이루어지기 때문에 이 모양이 올바로 정립되어 있지 않다면 수읽기 능력이 아무리 뛰어나도 큰 실효를 거두기 힘들 것입니다.

그런데 수읽기 능력과 모양을 동시에 만족시킬 수 있는 방법이 있습니다. 그 방법은 접근전의 꽃이라 할 수 있는 맥을 많이 익히는 것입니다. 맥은 부분 접전에서 바둑돌이 나아가야 할 최선의 수를 말합니다. 돌과 돌이 복잡하게 얽혀서 다음 한 수를 찾기 힘들 경우라 할지라도 맥점을 정확히 파악하고 있다면 문제는 일사천리로 해결되게 마련입니다.

이 책은 실전에서 흔히 등장하는 형태를 소재로 선택하고 문제 형식으로 내용을 구성하여 수읽기 능력과 모양을 동시에 익힐 수 있도록 배려한 것이 큰 특징이라고 할 수 있습니다. 부디 이 책이 여러분의 기력 향상에 큰 도움을 줄 수 있기를 기대합니다.

끝으로 이 책이 나오기까지 수고해 주신 편집국 식구 여러분들과 전원문화사 김철영 사장님께 감사의 뜻을 전합니다.

2000년 11월
전원바둑연구실

목 차

제2장 맥점 후반부 ... 129

●◖●| 5

전반부

약점을 추궁

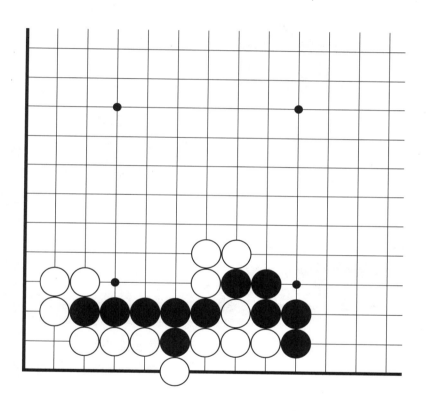

흑은 세 수의 여유밖에 없다. 백의 약점을 어떤 수순으로 추궁하느냐가 중요하다.

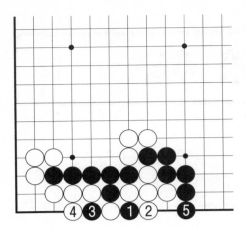

그림1 (정답)

흑❶로 먹여치는 것이 정답이다. 백②로 따낸다면 흑❺까지 처리해서 간단히 백을 잡을 수 있다.

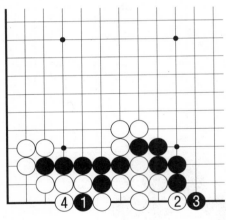

그림2 (변화)

흑❶로 먹여칠 때 백이 ②로 젖히면 패는 만들 수 있다. 그러나 늘어진 패의 형태라 백이 죽은 것이나 다름없다.

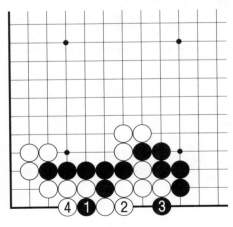

그림3 (실패)

흑❶부터 먹여치는 것은 좋지 않다. 백은 ②로 잇는 것이 좋은 수로 흑❸, 백④까지 아무런 수도 없다.

절묘한 수순

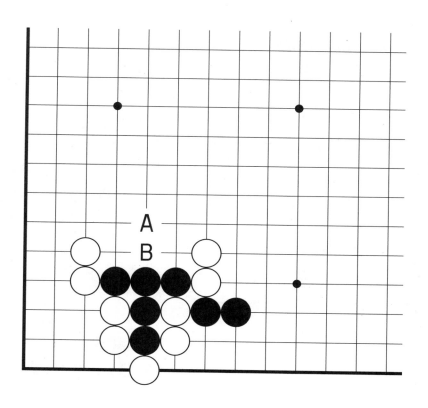

A
B

흑A로 탈출을 시도해도 백이 B로 끼우면 달아날 수 없다.
결국 백을 잡고 살아야 한다.

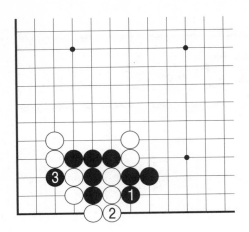

그림1 (정답)

흑❶로 단수친 후 ❸으로 끊는 것이 좋은 수순이다. 계속해서….

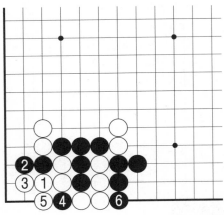

그림2 (계속)

그림1에 계속해서 백은 ①로 단수칠 수밖에 없는데, 흑❷로 나간 후 흑❹·❻으로 단수치면 백을 잡을 수 있다.

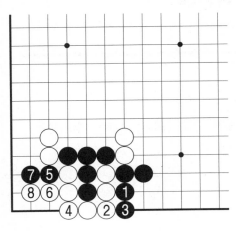

그림3 (실패)

흑❶·❸을 결정짓는 것은 좋지 않다. 뒤늦게 흑❺로 끊어도 백⑧까지의 진행이면 아무런 수도 없다.

삶의 수순

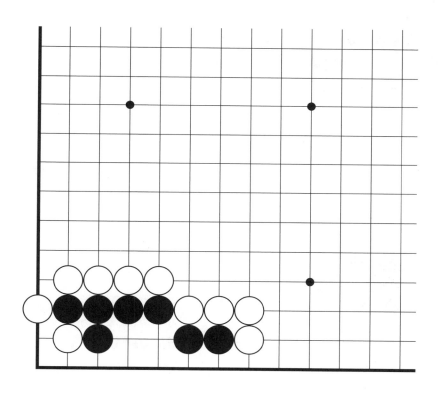

귀의 특수성을 활용해서 삶을 확보하는 문제이다. 첫 수가 성패를 가름한다.

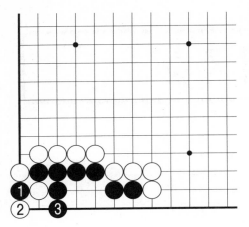

그림1 (정답)

흑❶로 먹여치는 것이 좋은 수이다. 백②로 따낼 수밖에 없을 때 흑❸으로 내려서는 것이 정확한 수순이다. 계속해서….

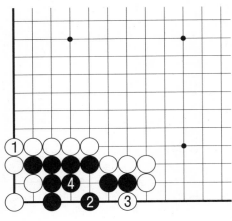

그림2 (계속)

그림1에 계속해서 백은 ①로 이을 수밖에 없는데, 흑❷로 호구쳐서 손쉽게 삶을 확보할 수 있다.

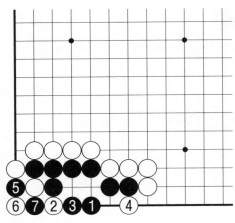

그림3 (실패)

흑❶로 호구치는 것은 의문이다. 백은 ②로 젖힌 후 ④에 젖혀서 반발하는 수가 성립한다. 흑❼까지 패가 되지만 흑의 실패가 명백하다.

귀의 특수성

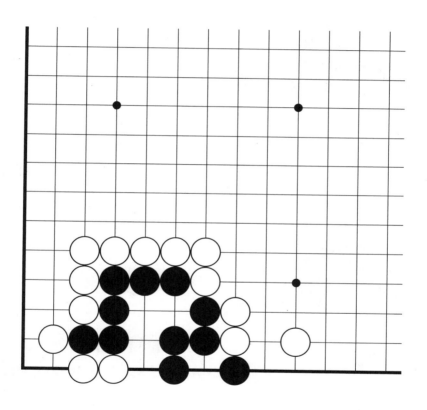

너무 쉽게 생각하다가는 예기치 않은 반격을 받게 된다. 정확한 수순이 중요하다.

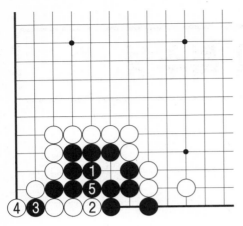

그림1 (정답)

흑❶로 한 집을 만드는 것이 중요하다. 백②로 파호해서 잡으러 온다면 흑❸·❺로 단수쳐서 손쉽게 살 수 있다.

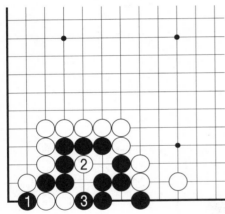

그림2 (실패)

흑❶로 먹여치는 것은 수순 착오이다. 백②로 파호하는 것이 통렬하다. 흑❸으로 따내서 살 수 있을 것 같지만….

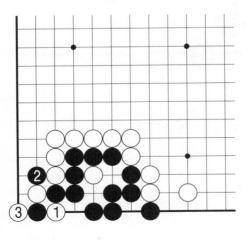

그림3 (계속)

앞 그림에 계속해서 백에겐 ①로 먹여치는 수가 준비되어 있다. 흑❷로 단수쳐도 백③으로 따내고 나면 그만이다.

응용형

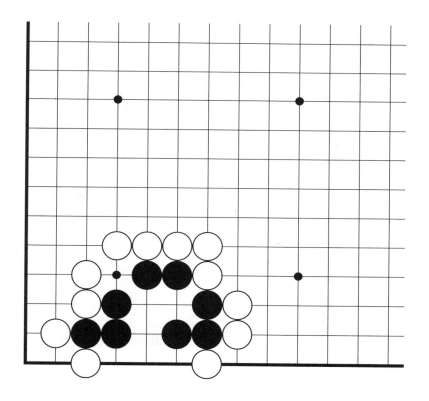

앞 문제를 충실하게 풀었다면 그리 어렵지 않게 해결할 수 있는 문제이다. 백의 자충을 활용하는 것이 중요하다.

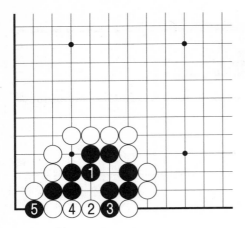

그림1 (정답)

흑❶로 한 집을 만드는 것이
정답이다. 백②·④로 욕심을
부린다면 흑❸·❺로 단수쳐
서 백 석 점을 잡고 두 집을 만
들 수 있다.

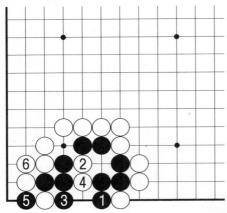

그림2 (실패)

흑❶로 단수치는 것은 백②로
치중하는 수에 의해 죽음을 면
할 수 없다. 흑❸·❺로 한 점
을 따내도 옥집이 되고 만다.

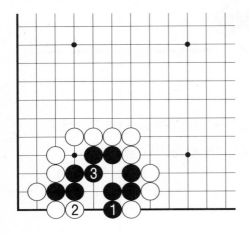

그림3 (변화)

흑❶ 때 백②로 두는 것은 의
문수이다. 흑❸으로 한 집을
만들고 나면 **그림1**과 동일한
결과가 되고 만다.

환격을 활용

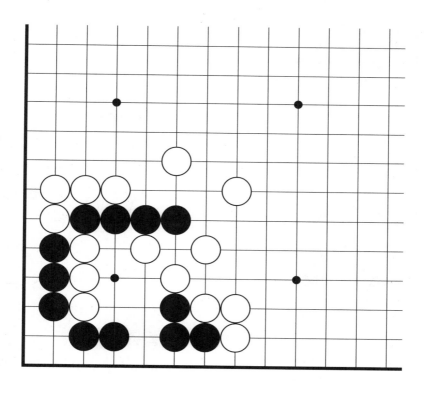

얼핏 봐서는 아무런 수가 없는 것처럼 보인다. 그러나 환격의 맥을 활용하면 의외의 성과를 거둘 수 있다.

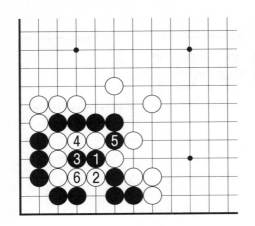

그림1 (정답)

흑**❶**로 집은 후 이하 백**⑥**까지 흑 두 점을 키워서 죽이는 것이 긴요한 수순이다. 계속해서….

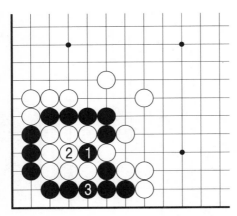

그림2 (계속)

앞 그림에 계속해서 흑에겐 **❶**로 먹여치는 수가 준비되어 있다. 백**②**로 따내도 흑**❸**으로 단수치면 백은 연단수가 되어 잡히고 만다.

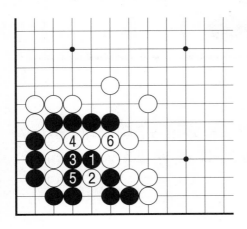

그림3 (실패)

백**④**까지 진행되었을 때 흑**❺**로 단수치는 것은 맥점을 외면한 수이다. 백**⑥**으로 잇고 나면 중앙 흑 넉 점만 잡힌 꼴이다.

사석으로 활용

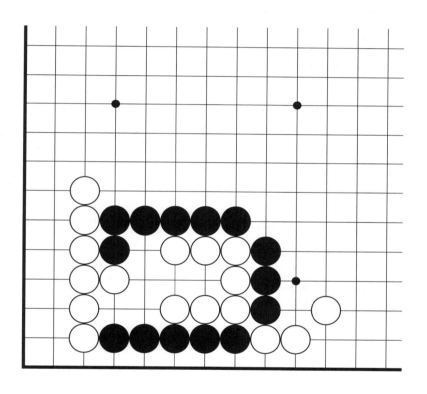

한눈에 백 모양에 이상이 있음을 직감할 수 있다면 상당한 실력자라고 보아도 무방하다. 돌을 어떻게 죽이느냐가 성패를 좌우한다.

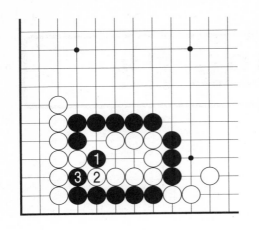

그림1 (정답)

일단은 흑❶로 젖힐 곳이다. 백은 ②로 막는 정도인데, 흑 ❸으로 끊는 것이 긴요한 맥점 이다. 계속해서….

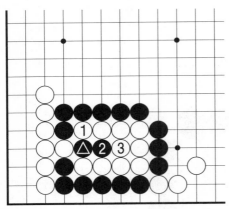

그림2 (계속)

앞 그림에 계속해서 백①로 단 수칠 때 흑❷로 키워 죽이는 것이 중요하다. 백③으로 따내 도 흑❹로 먹여치면 백은 환격 이 되고 만다.

(흑❹…흑▲)

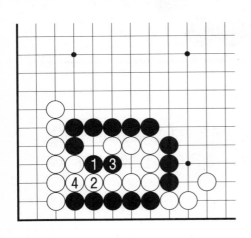

그림3 (실패)

흑❶, 백② 때 흑❸으로 두는 것은 좋지 않다. 백④로 잇고 나면 아무런 수도 없다.

유사형

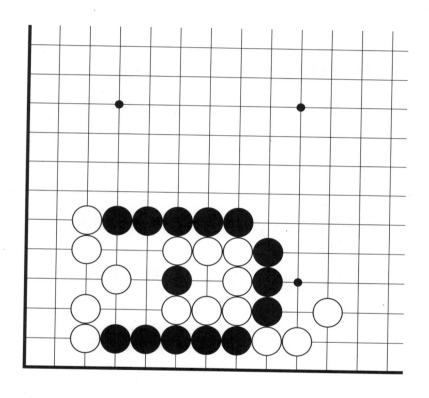

앞 문제와 형태만 바뀌었지 동일한 요령으로 푸는 문제이다.
이 문제 역시 돌을 어떻게 죽이느냐가 성패를 좌우한다.

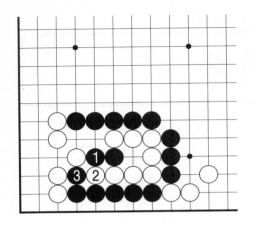

그림1 (정답)

흑❶로 키운 후 백② 때 흑❸으로 끊는 것이 중요한 수순이다. 계속해서….

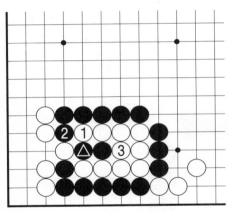

그림2 (계속)

앞 그림에 계속해서 백①로 단수친다면 흑❷로 끊는 수가 성립한다. 백③으로 따내도 흑❹로 먹여치면 백은 환격을 피할 수 없다.

(흑❹…흑▲)

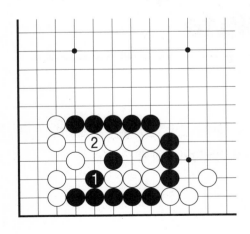

그림3 (실패)

단순히 흑❶로 젖히는 것은 의문수이다. 백은 한 점을 단수치지 않고 ②로 연결할 것이다.

자충을 활용

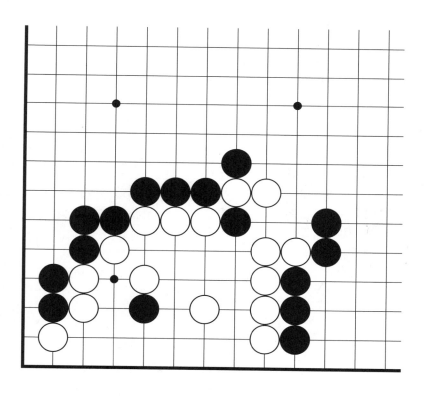

완전한 백집으로 보고 포기하기에는 아직 이르다. 절묘한 수
순으로 상대의 자충을 활용한다.

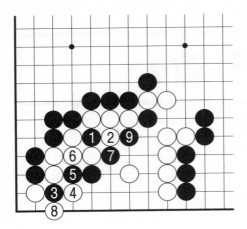

그림1 (정답)

흑❶로 먹여친 후 ❸으로 끊는 것이 좋은 수순이다. 이후 백④로 단수친다면 흑❺ 이하 ❾까지 절묘한 수순으로 백을 자충으로 유도한다.

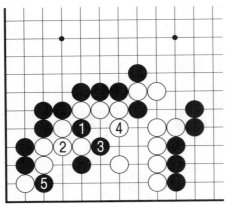

그림2 (변화)

흑❶ 때 백②로 이으면 **앞 그림과 같은 변화는 피할 수 있다. 그러나 흑❺까지 수가 나는 것은 피할 수 없다.

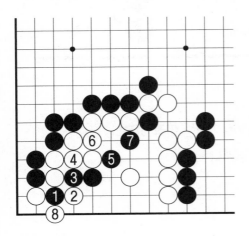

그림3 (실패)

흑❶을 먼저 끊는 것은 수순 착오이다. 흑❼까지 연단수의 형태로 몰아가도 백⑧로 따내고 나면 아무런 수도 없다.

수순이 관건

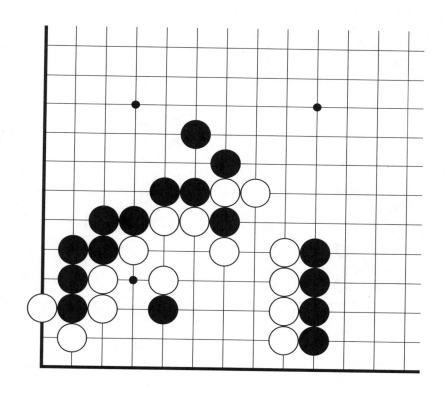

이 역시 백의 자충을 활용해서 백집에서 수단을 부리는 문제
이다. 수순이 특히 중요한 문제이다.

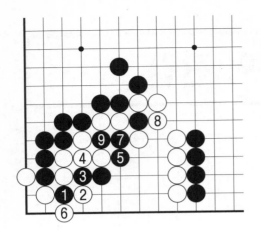

그림1 (정답)

흑❶로 끊는 것이 정답이다. 백②에는 흑❸으로 단수친 후 이하 흑❾까지 백을 양단수로 유도할 수 있다.

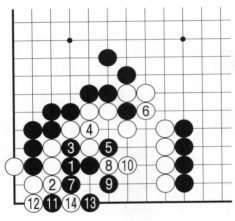

그림2 (실패1)

흑❶로 치받아도 손쉽게 수가 나는 것처럼 보인다. 그러나 이하 백⑭까지 패를 만든 것에 만족할 수밖에 없다.

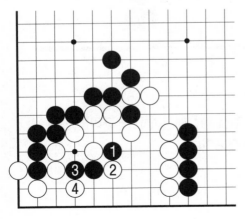

그림3 (실패2)

흑❶로 젖히는 수 역시 백②로 끊겨서 아무런 수도 없다. 흑❸에는 백④로 호구쳐서 그만이다.

위기 탈출

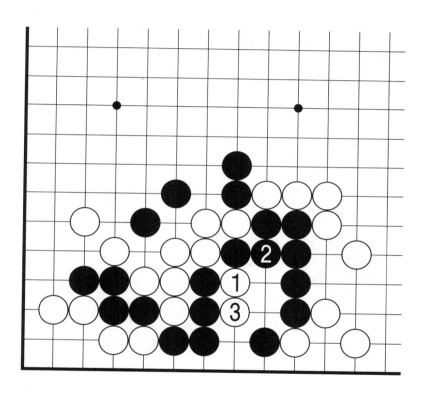

백이 ①로 단수친 후 ③으로 파호해서 흑을 공격해 온 장면
이다. 흑은 어떤 수순으로 위기를 모면해야 할까?

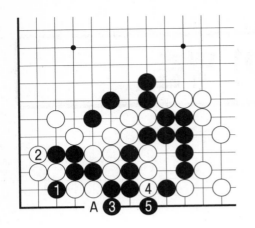

그림1 (정답)

흑❶로 끊는 것이 절묘한 맥점이다. 백은 ②로 잡는 정도인데 흑❸이 연이은 맥점. 백④때 흑❺로 가뿐한 삶이다. 백은 자충 때문에 A에 둘 수 없는 모습.

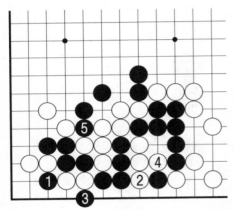

그림2 (변화)

흑❶ 때 백②·④로 단수쳐서 욕심을 부리는 것은 대 무리수이다. 흑❸·❺로 단수치면 백이 도리어 잡히고 만다.

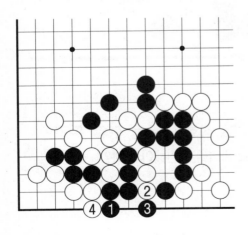

그림3 (실패)

흑❶을 서두르는 것은 수순 착오이다. 백②·④로 단수치면 꼼짝없이 죽음이다.

기본 사활

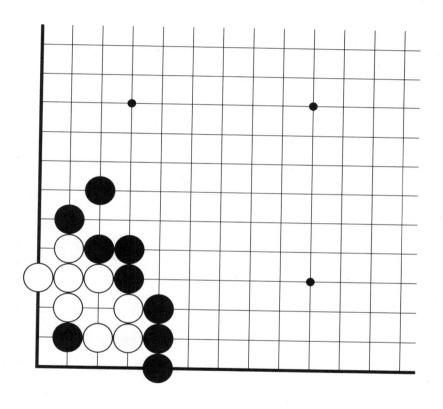

귀의 기본 사활에 해당하는 문제이다. 흑은 패를 만들지 않고 백을 잡을 수 있어야 한다.

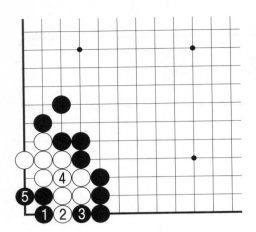

그림1 (정답)

흑❶로 내려서는 것이 침착한 맥점이다. 백①로 넘는 것을 방해한다면 흑❸·❺로 단수쳐서 알기 쉽게 해결한다.

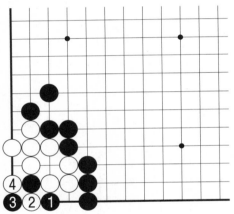

그림2 (실패1)

무심코 흑❶로 젖히는 것은 좋지 않다. 백에겐 ②·④로 반격하는 수단이 준비되어 있다. 패가 되어서는 흑의 실패.

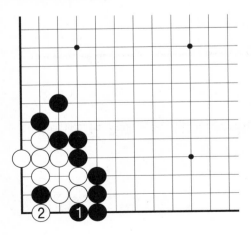

그림3 (실패2)

흑❶로 두는 것은 최악의 선택이다. 백②로 단수치면 패도 되지 않고 살게 된다.

1선의 맥점

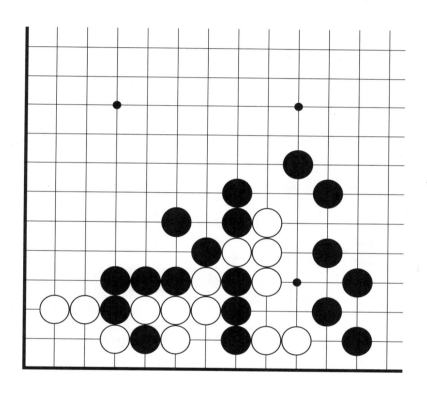

아래쪽 흑 석 점이 모두 잡혔다고 속단해서는 안 된다. 상대의 약점을 집요하게 물고 늘어질 수 있는 근성이 필요하다.

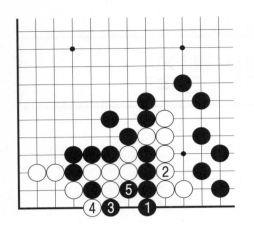

그림1 (정답)

흑❶로 내려서는 것이 1선의 맥점이다. 백은 ②로 수를 조이는 정도인데, 흑❸ · ❺의 요령으로 패를 만들 수 있다.

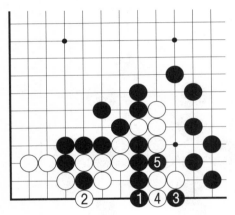

그림2 (변화)

흑❶ 때 백②로 따내는 것은 백의 지나친 욕심이다. 흑은 ❸으로 붙이는 절묘한 수가 준비되어 있다. 백④ 때 흑❺로 찌르면 백이 잡히고 만다.

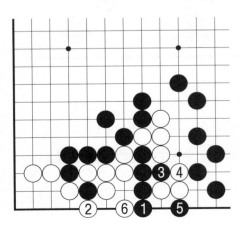

그림3 (실패)

흑❶, 백② 때 흑❸부터 결정 짓는 것은 수순 착오이다. 뒤늦게 흑❺로 붙여도 백은 ⑥으로 응수해서 그만이다.

잡는 방법

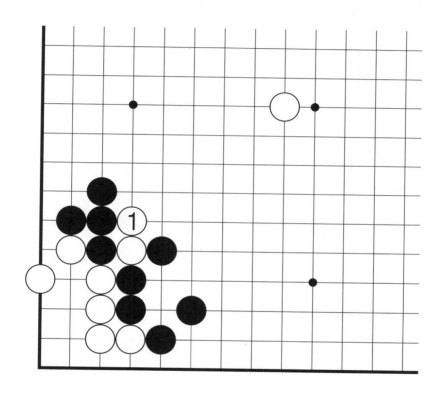

백이 ①로 달아난 장면이다. 축이 유리하다고 보고 움직인 것인데 사실은 무리수이다. 흑은 어떤 방법으로 백 두 점을 잡아야 할까?

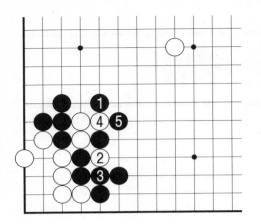

그림1 (정답)

흑**❶**로 장문 씌우면 쉽게 해결된다. 백②·④로 단수쳐서 끝까지 버틴다면 흑**❸**·**❺**로 단수쳐서 그만이다. 계속해서….

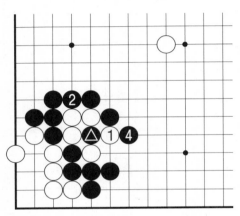

그림2 (계속)

앞 그림에 계속해서 백이 ①로 따내도 흑**❷**·**❹**로 단수치면 백은 축으로 잡히고 만다.
(백③…흑▲)

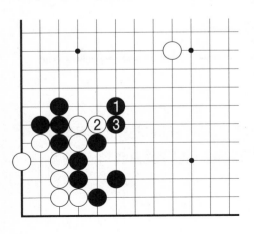

그림3 (변화)

흑은 **❶**로 날일자해서 두는 수도 가능하다. 백②로 찔러도 흑**❸**으로 막으면 그만이다. 이후는 백이 어떻게 변화해도 안된다.

장문의 맥점

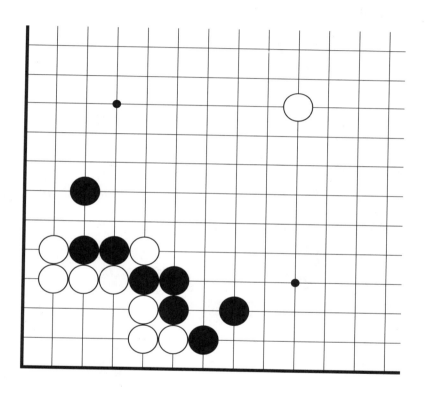

끊어온 백 한 점을 잡지 못한다면 흑은 양곤마의 형태가 되어 곤란한 상황에 빠질 염려가 크다. 백 한 점을 잡는 맥점은?

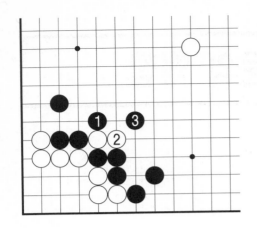

그림1 (정답)

흑❶로 단수친 후 ❸으로 씌우는 것이 멋진 장문의 맥점이다. 계속해서….

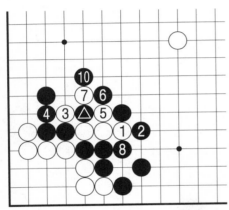

그림2 (계속)

앞 그림에 계속해서 백①·③으로 단수친 후 이하 ⑨까지 탈출을 시도해도 흑❿까지의 진행이면 축에서 벗어날 수 없다.

(백⑨…흑△)

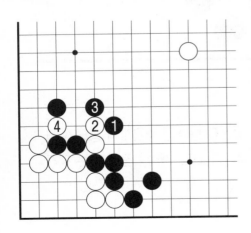

그림3 (실패)

얼핏 흑❶로 씌우고 싶은 충동이 드는 곳이다. 그러나 백②로 뻗는 순간 흑의 응수가 없다. 백④까지 흑의 손해가 크다.

회돌이의 맥

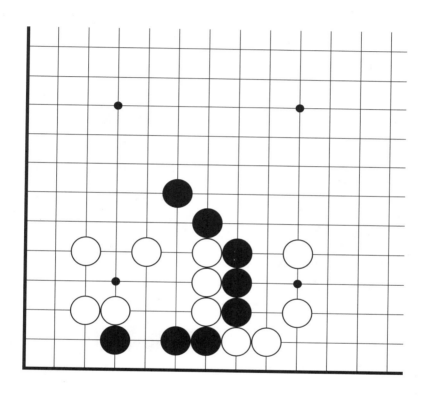

도저히 수가 성립할 것 같지 않지만 흑에겐 백을 공략하는 통렬한 맥점이 준비되어 있다. 과감한 착상이 필요하다.

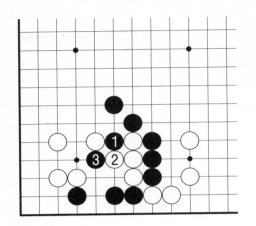

그림1 (정답)

흑**1**로 끼운 후 백② 때 흑**3**
으로 단수치는 수가 과감한 착
상으로 정답이다. 계속해서….

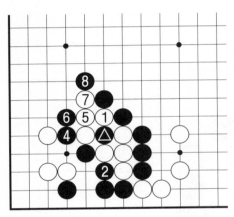

그림2 (계속)

앞 그림에 계속해서 백은 ①로
따낼 수밖에 없는데, 흑**2** ·
4 · **6**으로 단수치면 축을 피
할 수 없다.
(백③…흑△)

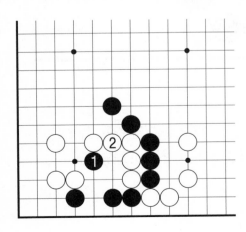

그림3 (실패)

형태에 얽매여서 흑**1**로 붙이
는 것은 대 악수이다. 백②로
잇고 나면 아무런 수도 없다.

통렬한 추궁

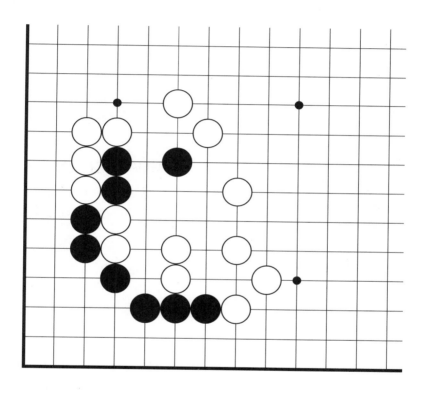

앞 문제의 응용형이다. 멋진 회돌이의 맥으로 중앙 흑 석 점
을 살리는 문제이다.

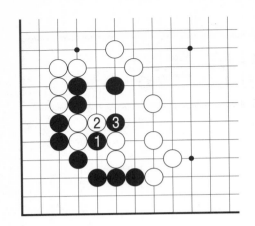

그림1 (정답)

일단 흑은 ❶로 끼우고 볼 일이다. 백②로 단수친다면 흑 ❸으로 단수치는 것이 준비된 맥점. 계속해서….

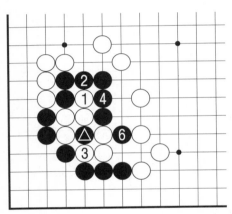

그림2 (계속)

앞 그림에 계속해서 백①로 달아난다면 흑❷ · ❹로 단수친 후 ❻으로 두어서 백을 크게 포획할 수 있다. 백은 중도에 포기하는 것이 최선이다.
(백⑤…흑▲)

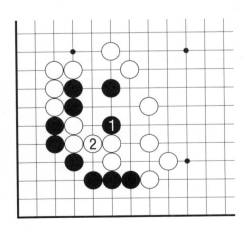

그림3 (실패)

흑❶로 붙이는 것은 형태에 얽매인 속수이다. 백②로 잇게 해서는 실패이다.

축으로 유도

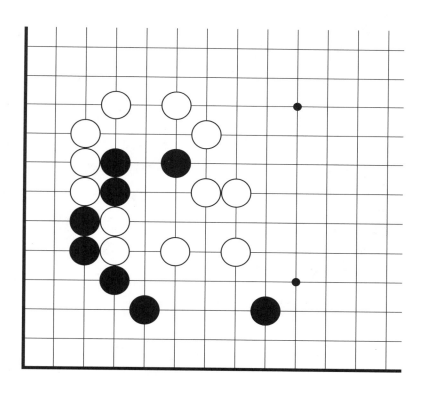

이 문제 역시 멋진 회돌이의 맥으로 백을 잡는 문제이다. 백이 끝까지 욕심을 부린다면 축으로 유도해서 전멸시킨다.

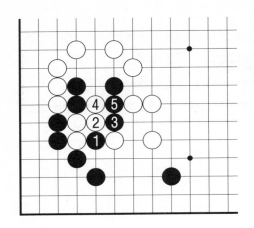

그림1 (정답)

흑❶로 끼운 후 ❸으로 단수
쳐서 백을 자충으로 유도하는
것이 중요한 수순이다. 백②·
④에는 흑❺까지 공략하는 것
이 요령이다. 계속해서….

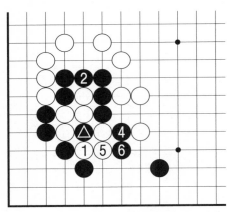

그림2 (계속)

앞 그림에 계속해서 백이 ①로
따낸다면 흑❷로 단수친 후
❹·❻으로 공략해서 백을 축
으로 유도할 수 있다.
(백③…흑▲)

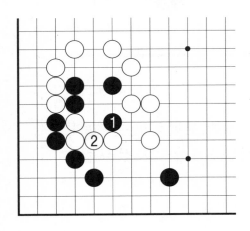

그림3 (실패)

흑❶로 붙이는 것은 의문수.
백②로 잇고 나면 더 이상 아
무런 수단의 여지가 없다.

응용형

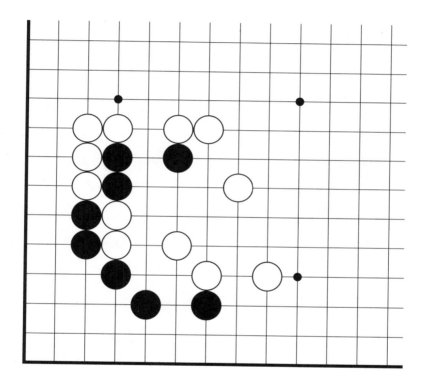

이제 한눈에 정답을 알아볼 수 있을 것이다. 물론 회돌이의 맥으로 백을 공략한다.

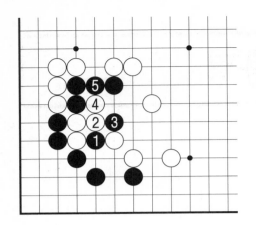

그림1 (정답)

흑❶로 끼운 후 ❸으로 단수 치면 모든 것이 간단히 해결된 다. 백②·④는 무리한 반발. 흑은 ❺까지 백을 자충으로 유 도한 후….

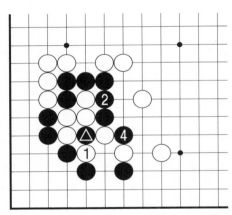

그림2 (계속)

앞 그림에 계속해서 백이 ①로 따내도 흑❷·❹로 단수치면 백은 연단수를 피할 수 없는 모습이다.

(백③…흑▲)

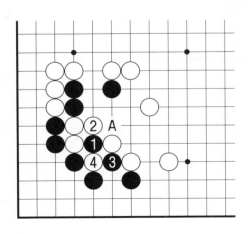

그림3 (실패)

흑❶, 백② 때 흑이 A에 끊지 않고서 ❸으로 넘자고 하는 것은 무미건조하다. 백④로 따내고 나면 단점만 부각될 뿐 이다.

외줄타기

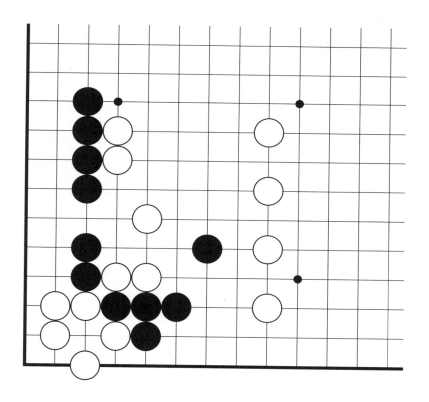

아래쪽 흑 다섯 점이 위기에 처해 있다. 흑에겐 절묘한 수순
으로 위기를 모면할 수 있다. 정확한 수읽기 능력을 요구하
는 문제이다.

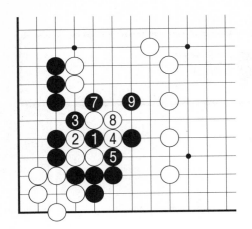

그림1 (정답)

흑❶로 끼우는 것이 문제 해결의 출발점이다. 백②·④로 단수친다면 이하 흑❾까지 장문의 형태로 유도하는 것이 중요하다. 계속해서….

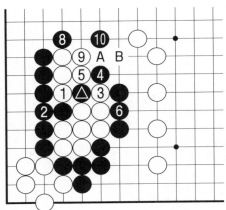

그림2 (계속)

앞 그림에 계속해서 백①·③으로 탈출을 시도해도 이하 흑❿까지 공략하면 백은 더 이상 달아날 수 없다. 이후 백A에는 흑B로 그만이다.
(백⑦…흑▲)

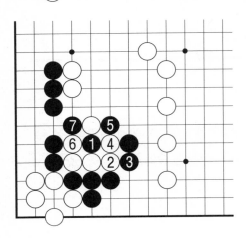

그림3 (변화)

흑❶ 때 백②·④로 변화를 모색해 온다면 흑❼까지 공략해서 백을 연단수로 유도할 수 있다.

위기 모면

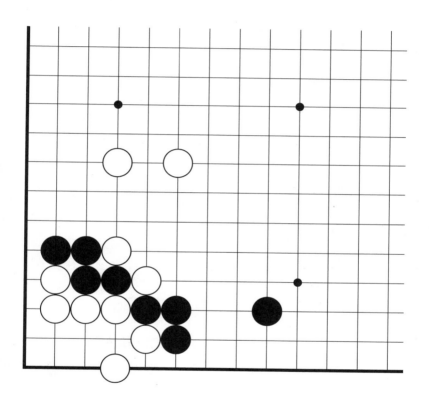

얼핏 축이 불리한 만큼 흑이 매우 불리한 형태처럼 보인다.
그러나 멋진 수순으로 위기를 모면할 수 있다.

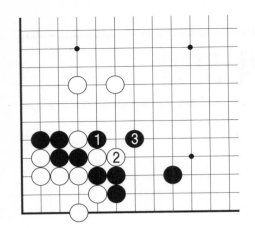

그림1 (정답)

흑**1**로 단수친 후 **3**으로 씌우는 수가 멋진 맥점이다. 이것으로 흑의 모든 근심은 깨끗이 해결된다. 계속해서….

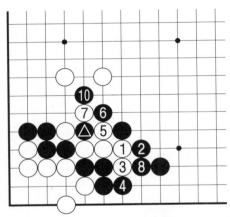

그림2 (계속)

앞 그림에 계속해서 백①·③ 이하로 탈출을 시도해도 흑**10**까지의 진행이면 축을 피할 수 없다.

(백⑨…흑▲)

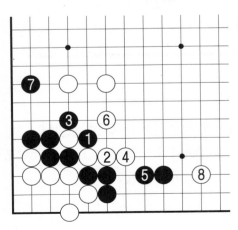

그림3 (실패)

흑**1**로 단수친 후 **3**으로 따내는 것은 안이한 발상이다. 백② 이하 ⑧까지의 진행이면 하변 흑돌이 미생마로 몰린다.

정확한 추궁

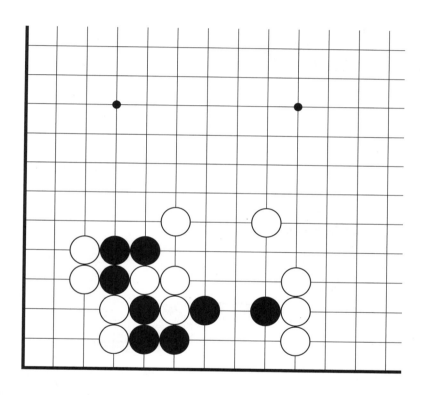

축이 불리한 만큼 흑이 곤란한 형태처럼 보인다. 그러나 백의 약점을 정확하게 추궁하면 한순간에 형세를 역전시킬 수 있다.

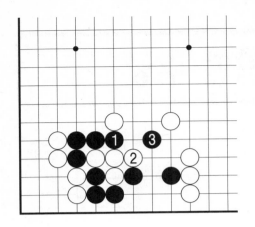

그림1 (정답)

일단은 흑❶로 단수치는 한 수이다. 그리고 나서 흑❸으로 장문 씌우는 수를 발견할 수 있어야 한다. 계속해서….

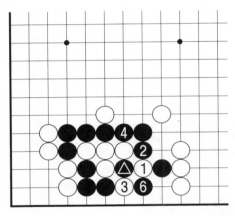

그림2 (계속)

앞 그림에 계속해서 백①로 단수친다면 흑❷ · ❹로 공략하는 수가 성립한다. 흑❻까지 백이 잡힌 모습이다.
(백⑤…흑△)

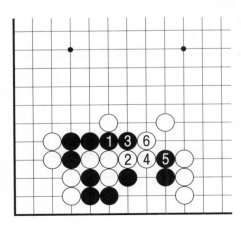

그림3 (실패)

흑❶, 백② 때 흑❸으로 단수치는 것은 대 악수이다. 흑❺로 안간힘을 써도 백⑥으로 잇고 나면 그만이다.

주변 배석을 활용

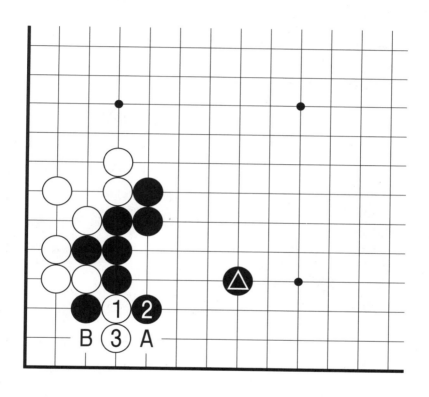

백①로 끊자 흑이 ❷로 단수쳐서 백 한 점을 공격한 장면이다. 이후 흑은 A에 막을 것인지 B로 공격할 것인지 선택의 기로이다. 흑▲ 한 점을 최대한 활용하는 것이 관건이다.

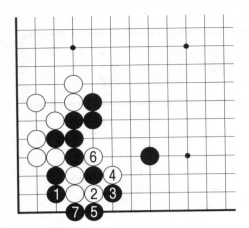

그림1 (정답)

흑❶로 막는 것이 정답이다. 백이 ②·④ 이하로 움직인다면 이하 흑❼까지 강력하게 맞서는 것이 수순이다. 계속해서….

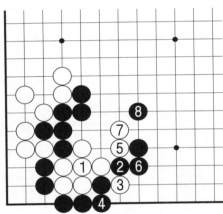

그림2 (계속)

앞 그림에 계속해서 백①로 잇는다면 흑❷로 젖히는 것이 강력하다. 이후 백③·⑤ 이하로 탈출을 시도해도 흑❽까지 장문 씌우면 더 이상 달아날 수 없다.

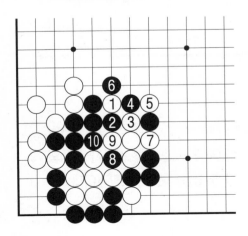

그림3 (흑, 성공)

앞 그림에 계속해서 백이 ①로 붙인 후 ③·⑤로 단수치면 일부분은 살아갈 수 있다. 그러나 흑❿까지 백의 피해가 막심하다.

정석 과정

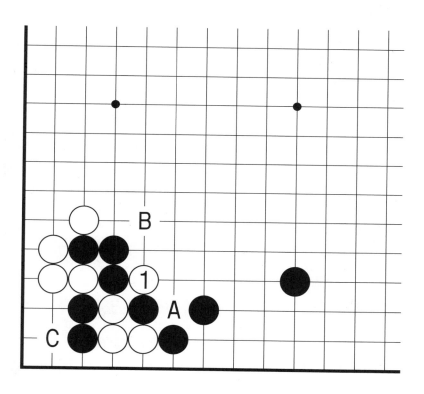

정석 과정에서 흔히 등장하는 형태이다. 백이 ①로 단수친 장면. 이후 흑이 A에 잇는 것은 백이 B를 선수한 후 C에 붙여서 귀를 잡을 것이다.

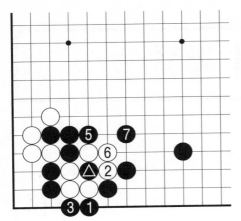

그림1 (정답)

흑❶로 단수치는 것이 좋은 수이다. 계속해서 백②로 따낸다면 흑❸으로 단수친 후 이하 ❼까지 공략해서 백을 곤경에 빠뜨릴 수 있다.

(백④…흑▲)

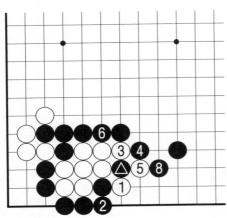

그림2 (계속)

앞 그림에 계속해서 백①·③ 이하로 탈출을 시도해도 흑❽까지의 진행이면 백은 더 이상 달아날 수 없다.

(백⑦…흑▲)

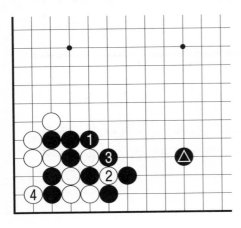

그림3 (실패)

흑❶로 단수치는 것은 흑▲를 활용하지 못한 소극적인 발상이다. 백④까지 귀가 잡혀서는 성공을 거두었다고 볼 수 없다.

움직이는 방법

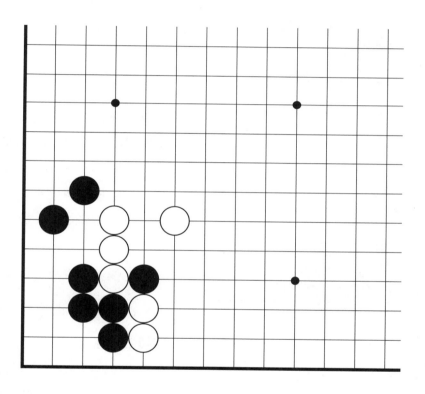

흑 한 점을 어떤 방법으로 움직일 것인가를 묻는 문제이다.
주변 배석관계를 잘 살펴야 한다.

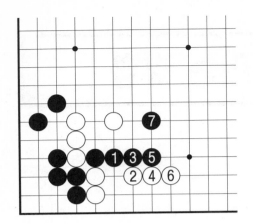

그림1 (정답)

흑은 ❶로 뻗는 한 수이다. 백
②에는 흑❸ · ❺를 선수한 후
❼로 한 칸 뛰는 것이 행마의
틀이다. 이 형태는 흑이 공격
의 주도권을 장악한 모습이다.

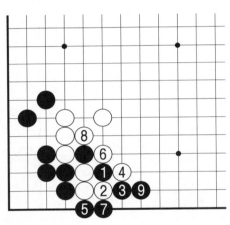

그림2 (실패)

흑❶ · ❸으로 젖힌 후 이하
❾까지 넘는 것에 연연하는 것
은 좋지 않다. 백은 선수로 막
강한 세력을 구축했다.

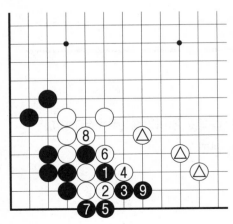

그림3 (변화)

백△처럼 움직임의 여지가 없
다면 흑은 당연히 ❶ · ❸ 이
하로 움직여서 충분하다. 이하
흑❾까지 흑은 끝내기에서 상
당히 이득을 본 모습이다.

통렬한 추궁

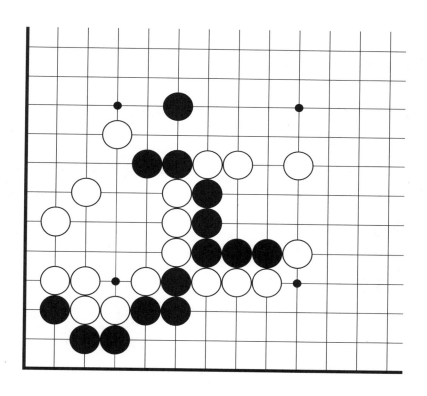

흑이 상당한 위기에 처해 있는 것처럼 보인다. 그러나 백의 약점을 추궁해서 상황을 반전시킬 수 있는 멋진 맥점이 준비되어 있다.

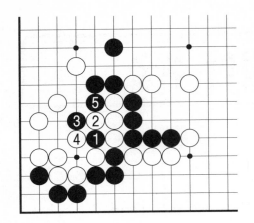

그림1 (정답)

흑❶로 단수치는 것이 공격의 출발점이다. 백②에는 흑 ❸·❺로 돌려치는 것이 통렬한 수순이다. 계속해서….

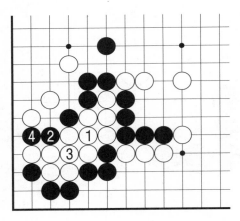

그림2 (계속)

앞 그림에 계속해서 백①로 잇는다면 흑❷·❹로 단수쳐서 백 전체를 크게 포획할 수 있다.

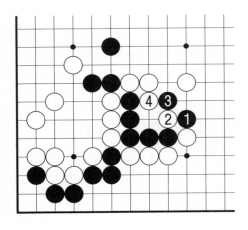

그림3 (실패)

흑❶로 젖혀서 이쪽으로 탈출을 시도하는 것은 무모한 발상이다. 백에겐 ②로 끊는 수가 준비되어 있다. 흑❸에는 백 ④로 환격이다.

미생마 위기

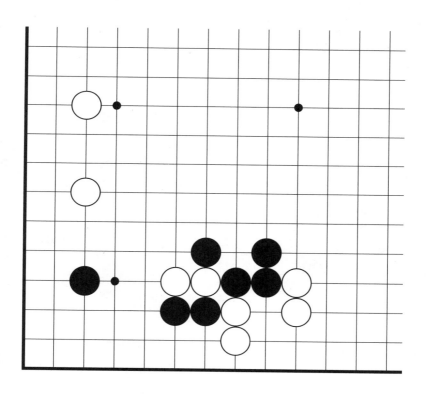

흑이 중앙 백 두 점을 잡지 못한다면 미생마로 몰릴 가능성
이 높다. 과연 흑은 어떤 방법으로 형태를 결정지어야 할까?

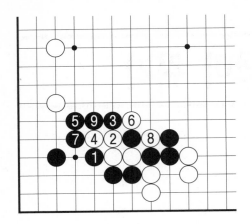

그림1 (정답)

흑❶·❸으로 단수친 후 ❺에 씌우는 것이 멋진 맥점이다. 이후 백④·⑥으로 단수친다면 흑❾까지 백을 자충으로 유도하는 것이 요령이다. 계속해서….

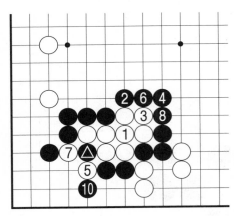

그림2 (계속)

앞 그림에 계속해서 백①로 잇는다면 흑❷로 단수친 후 ❹에 씌우는 것이 연이은 맥점이다. 계속해서 백⑤·⑦로 발버둥을 쳐도 이하 흑❿까지 피해만 커질 뿐이다.

(백⑨…흑▲)

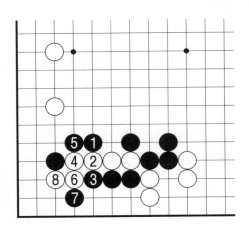

그림3 (실패)

그림1의 수순을 발견하지 못하고 흑❶로 씌우는 것은 의문이다. 이하 백⑧까지 흑은 수습 불능의 형태에 빠지고 만다.

절묘한 추궁

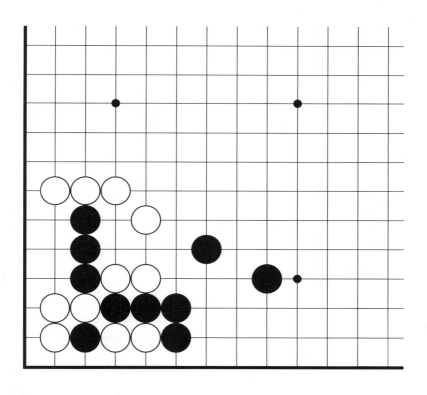

　　왼쪽 흑 석 점은 이제 도저히 살릴 수 없다고 속단해서는 안
　　된다. 절묘한 수순으로 백을 곤경에 빠뜨릴 수 있다.

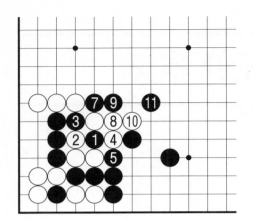

그림1 (정답)

흑❶로 끼우는 것이 공격의 출발점이다. 백②에는 흑❸ 이하 ❺ · ❼로 단수치는 것이 예비된 공격이다. 백⑧에는 흑⓫까지 공략한 후….

(백⑥…흑❶)

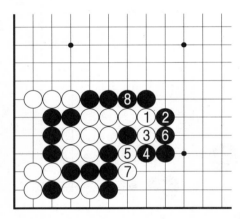

그림2 (계속)

앞 그림에 계속해서 백이 ①로 탈출을 모색한다면 흑❷ 이하 ❽까지 백을 축으로 유도할 수 있다.

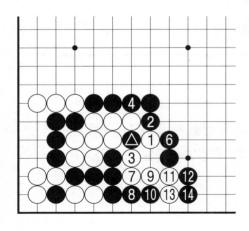

그림3 (변화)

백이 앞 그림의 변화를 피해서 ①로 단수친다면 흑❷ · ❹로 공격하는 것이 수순이다. 이후 백⑤에 잇는다면 이하 흑⓮까지 공략해서 사태를 마무리짓는다.

(백⑤…흑△)

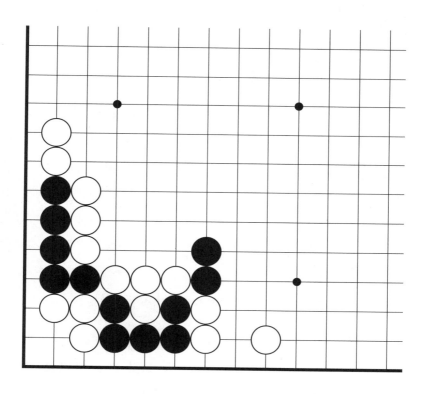

흑으로선 문제 해결을 위해서는 일단 끊고 볼 일이다. 백이
저항을 한다면 결국엔 축으로 마무리짓는다.

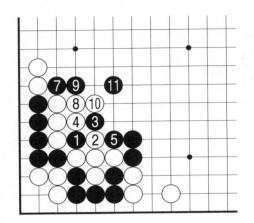

그림1 (정답)

흑은 **❶**로 끊는 한 수이다. 백
②의 단수에는 흑**❸** · **❺**로 돌
려친 후 이하 흑**⓫**까지 공격하
는 것이 통렬한 수순이다. 계
속해서….

(백⑥…흑**❶**)

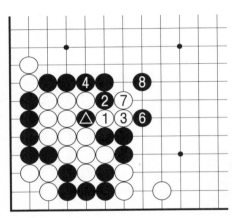

그림2 (계속)

앞 그림에 계속해서 백①로 따
낸다면 흑**❷**로 집어서 자충을
유도하는 것이 요령이다. 백
③ · ⑤에는 이하 흑**❽**까지 또
다시 장문을 씌우는 것이 수순
이다. 계속해서….

(백⑤…흑**△**)

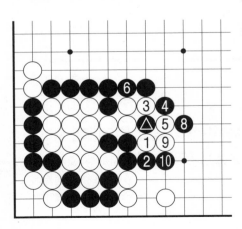

그림3 (축)

앞 그림 이후 백이 ① · ③으
로 단수쳐서 탈출을 시도해도
이하 흑**❿**까지의 진행이면 축
을 피할 수 없는 모습이다.

(백⑦…흑**△**)

환격의 맥 1

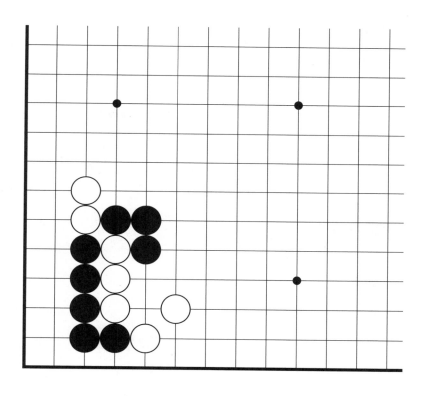

백 모양을 어떤 요령으로 공격할 것인지가 관건이다. 섣부른 공격은 실패를 초래하기 십상이다.

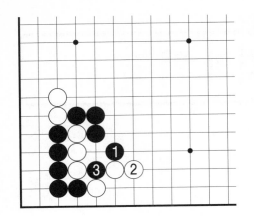

그림1 (정답)

흑❶로 급소를 공략하는 것이 침착한 한 수이다. 백②로 뻗는다면 흑❸으로 먹여쳐서 환격이 된다.

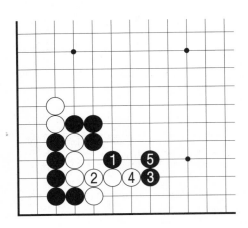

그림2 (변화)

흑❶ 때 백②로 잇는 것은 무리수이다. 흑❸이 통렬한 공격의 급소이다. 백④에는 흑❺로 뻗어서 그만이다.

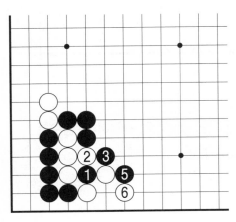

그림3 (실패)

흑❶로 먹여치는 것은 성급한 공격이다. 흑❸으로 단수친 후 ❺에 젖혀도 백⑥으로 받고 나면 주변 배석에 따라 약간 시끄러워진다.

(백④…흑❶)

환격의 맥 2

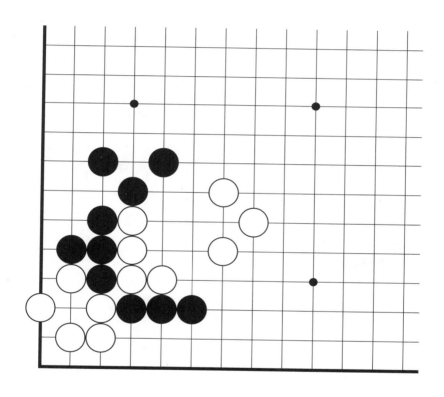

백 모양의 약점을 어떤 방법으로 추궁하느냐가 관건이다. 환격으로 유도하는 것이 요령이다.

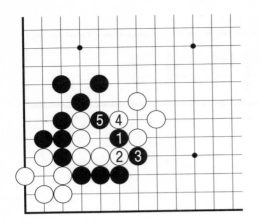

그림1 (정답)

흑❶·❸으로 건너 붙여 절단하는 것이 정답이다. 백②·④로 단수쳐도 흑❺로 공략하면 백은 환격을 피할 수 없다.

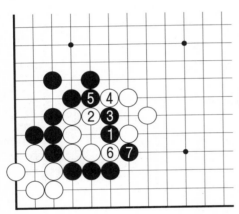

그림2 (변화)

흑❶ 때 백②로 변화를 모색한다면 흑❸·❺로 절단하는 것이 요령이다. 흑❼까지 백은 죽음을 면할 수 없다.

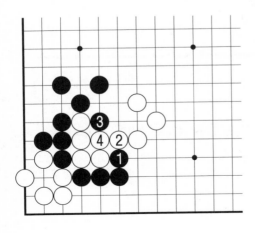

그림3 (실패)

흑❶로 찔러서 백②와 교환하는 것은 대 악수이다. 흑❸으로 단수쳐도 백④로 잇고 나면 아무런 수도 없다.

환격의 맥 3

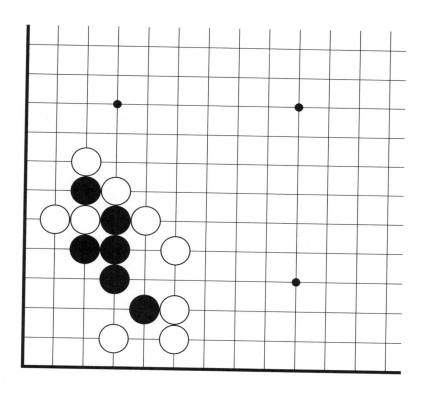

백의 포위망을 탈출하는 문제이다. 환격의 맥을 활용한다.

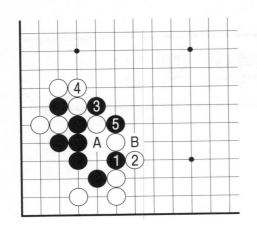

그림1 (정답)

흑❶로 끼우는 것이 정답이다. 백②로 막는다면 흑❸ · ❺ 로 단수쳐서 탈출이 가능하다. 이후 백A는 흑B로 환격이다.

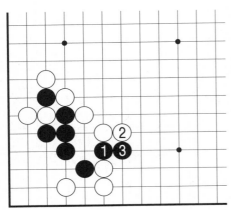

그림2 (변화)

흑❶ 때 백②로 늦춘다면 흑 ❸으로 돌파해서 위기를 모면 한다.

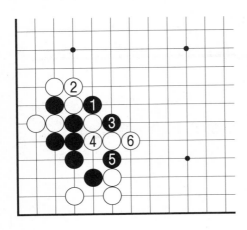

그림3 (실패)

흑❶ · ❸을 결정지은 후 ❺에 끼우는 것은 수순 착오이다. 백⑥으로 뻗으면 탈출 불가능 이다.

환격의 맥 4

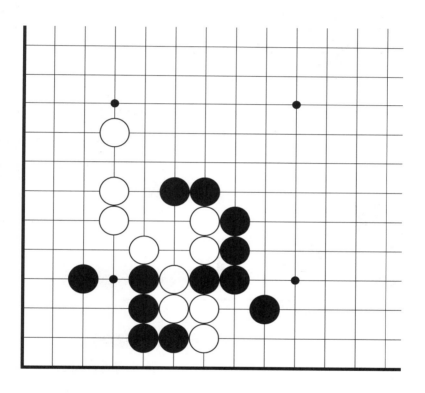

환격의 맥점을 이용하면 손쉽게 백을 잡을 수 있다. 유일한
백의 약점을 어느 곳일까?

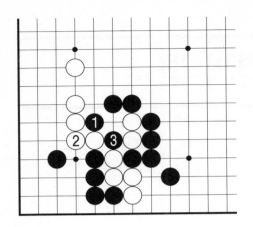

그림1 (정답)

흑❶이 유일한 공격의 급소이
다. 백②로 이을 수밖에 없을
때 흑❸으로 먹여치면 백을 환
격으로 유도할 수 있다.

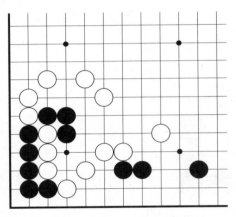

그림2 (유사형)

문제도와 유사형이다. 이 형태
역시 환격의 맥을 활용해야 하
는데….

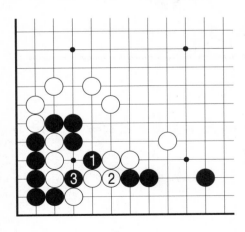

그림3 (환격)

흑❶이 공격의 급소이다. 백은
②로 이을 수밖에 없는데, 흑
❸으로 끊어서 그만이다.

환격의 맥 5

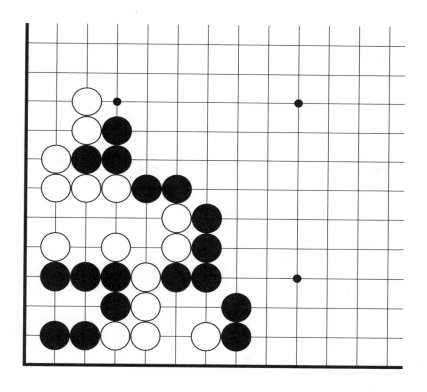

이 역시 환격의 맥을 활용하는 문제이다. 흑의 급소 공격에
백은 두 손을 들 수밖에 없다.

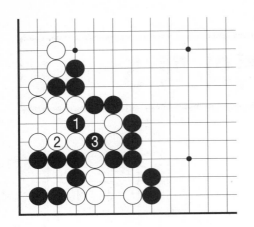

그림1 (정답)

흑❶이 공격의 급소이다. 백은 ②로 이을 수밖에 없는데, 흑 ❸으로 끊어서 백을 잡을 수 있다.

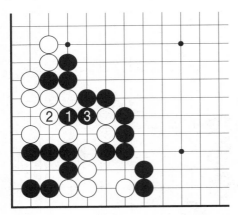

그림2 (변화)

흑❶ 때 백②로 단수친다면 흑❸으로 이어서 그만이다. 이후 백은 끊기는 약점이 두 군데이다.

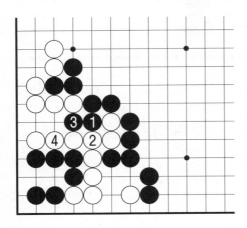

그림3 (실패)

흑❶로 단수치는 것은 대 악수이다. 백②로 잇고 나면 더이상 아무런 수단의 여지가 없다.

환격의 맥 6

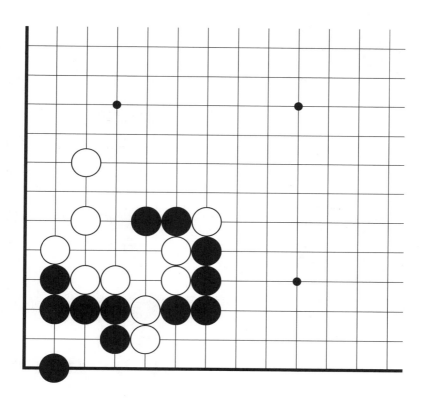

이제는 한눈에 환격의 맥을 활용하는 문제라는 것을 알 수 있어야 한다.

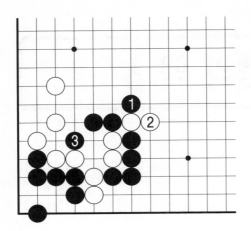

그림1 (정답)

흑❶을 선수한 후 ❸으로 집는 것이 환격을 이용하는 요령이다. 이후는 너무 쉽다.

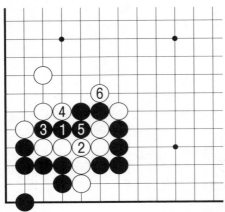

그림2 (변화)

흑이 **앞 그림**처럼 단수를 선수하지 않고 곧장 ❶로 두는 것은 수순 착오이다. 백에겐 ②로 잇고 버티는 수가 성립한다. 흑❸에는 백④·⑥으로 축이 된다.

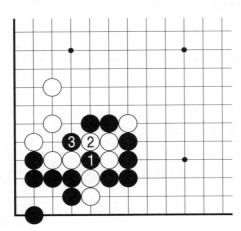

그림3 (실패)

흑❶·❸을 결정짓는 것은 대 악수이다. 백④로 잇고 나면 흑은 자충 관계상 끊을 수가 없다.

(백④…흑❶)

사활의 맥 1

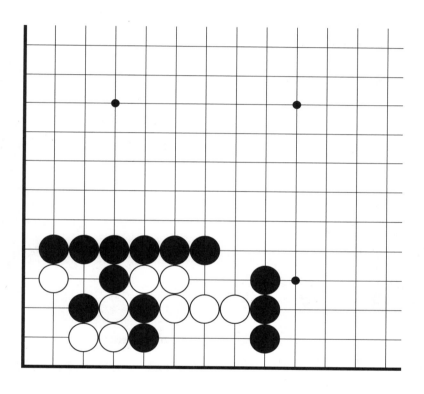

백 전체를 공격해서 잡는 문제이다. 첫 수가 성패를 좌우한다. 공격의 급소는 어디일까?

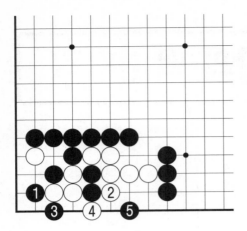

그림1 (정답)

흑❶로 젖히는 것이 공격의 출발점이다. 백②로 단수친다면 흑❸을 선수한 후 ❺에 날일자해서 간단히 해결된다. 계속해서….

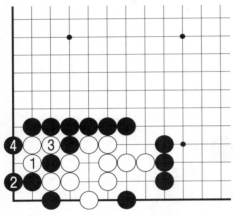

그림2 (계속)

앞 그림에 계속해서 백①로 단수치는 것이 걱정되겠지만 흑에겐 ❷로 내려서는 맥점이 준비되어 있다. 백③으로 따내도 흑❹로 넘으면 그만이다.

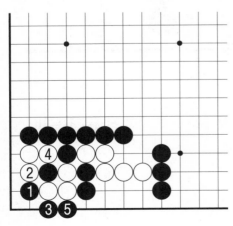

그림3 (변화)

흑❶ 때 백②로 단수친다면 흑❸·❺로 돌려쳐서 그만이다. 백은 연단수를 피할 수 없다.

사활의 맥 2

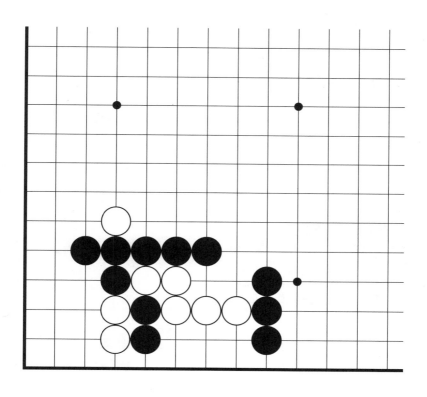

앞 문제의 유사형이다. 귀의 특수성을 최대한 활용해서 백
전체를 잡는 문제이다. 패를 만들 수 있으면 성공이다.

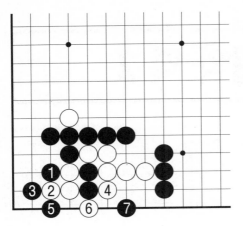

그림1 (정답)

흑❶·❸으로 젖히는 것이 좋은 공격법이다. 백④·⑥에는 흑❼까지 공격해서 백을 잡을 수 있다. 계속해서….

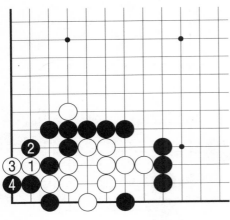

그림2 (계속)

앞 그림에 계속해서 백은 ①로 단수칠 수밖에 없는데, 흑❷·❹로 공략해서 패를 유도할 수 있다.

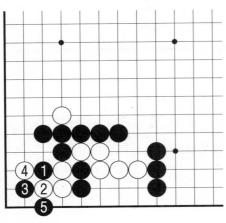

그림3 (변화)

흑❶·❸ 때 백④로 단수치는 것은 대 악수이다. 흑❺로 돌려치는 순간 백은 패도 되지 않고 모두 잡히고 만다.

사활의 맥 3

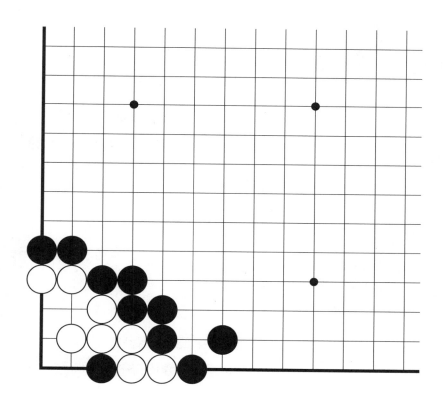

실전에서 활용도가 높은 문제이다. 귀의 특수성을 이용해서
백을 공격한다. 결국엔 귀곡사가 된다.

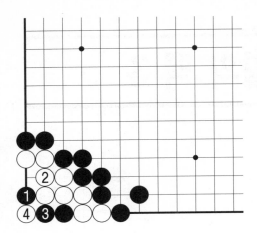

그림1 (정답)

흑❶이 유일한 공격의 급소이
다. 백②로 이을 수밖에 없을
때 흑❸으로 키워 죽이는 것이
연이은 맥점이다. 계속해서….

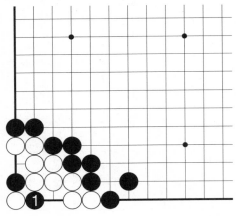

그림2 (계속)

앞 그림에 계속해서 흑이 ❶로
따내면 백은 귀곡사의 형태로
잡히고 만다.

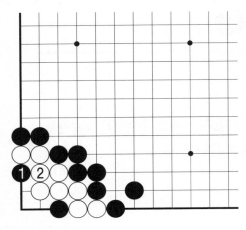

그림3 (실패)

흑❶로 단수쳐서 백②로 잇게
하는 것은 대 악수이다. 이후
는 더 이상 아무런 수단의 여
지가 없다.

사활의 맥 4

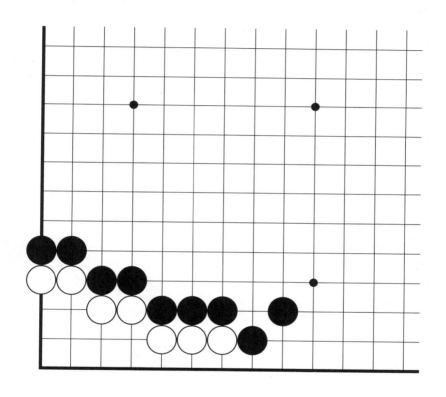

단순히 끝내기를 하는 것에 만족해서는 안 된다. 백을 최대한 공략해서 전체를 잡을 수 있는 방법을 강구해야 한다.

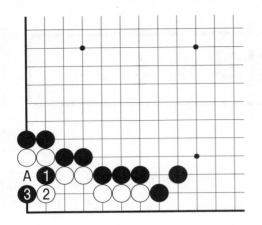

그림1 (정답)

흑❶로 끊는 것은 누구나 생각할 수 있다. 그러나 백② 때 흑❸을 생각할 수 있어야 한다. 흑❸으로 A에 따내는 것은 실패이다. 계속해서….

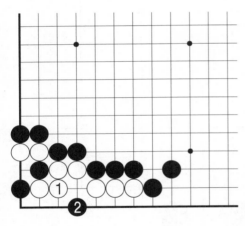

그림2 (변화)

앞 그림에 계속해서 백①로 잇는다면 흑❷로 치중해서 그만이다. 백으로선 허무한 죽음이다.

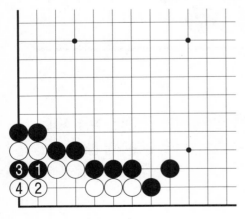

그림3 (실패)

흑❶, 백② 때 흑❸으로 따내는 것은 끝내기에 불과한 수이다. 백④로 막고 나면 큰 득을 보았다고 할 수 없다.

지중수

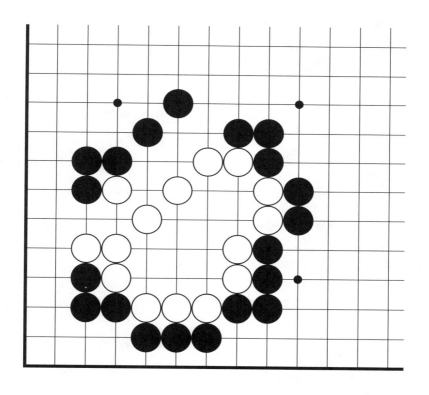

백집을 모두 인정해서는 안 된다. 백의 약점을 최대한으로 추궁하면 끝내기상으로 큰 이득을 거둘 수 있다.

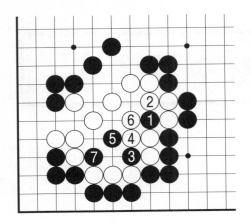

그림1 (정답)

흑❶ · ❸으로 단수치는 것이 맥점이다. 백④ 때 흑❺가 중요한 수로 백⑥을 기다려 흑❼로 끊으면 백을 환격으로 유도할 수 있다.

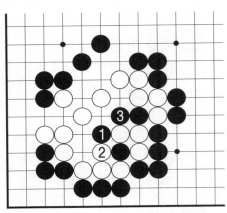

그림2 (변화)

흑❶ 때 백②로 따내는 것은 백의 무리한 욕심이다. 흑❸으로 단수치면 백 전체가 잡히고 만다.

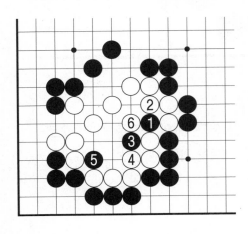

그림3 (실패)

흑❶, 백② 때 흑❸으로 단수치는 것은 의문수이다. 백④ · ⑥이면 아무런 수단의 여지도 없다.

받는 방법

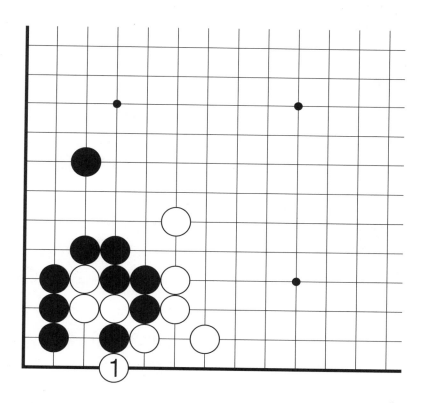

백①로 단수친 장면이다. 무심코 한 점을 따내는 것은 묘미
가 없다. 가장 이득이 되는 방법으로 응수하고 싶다.

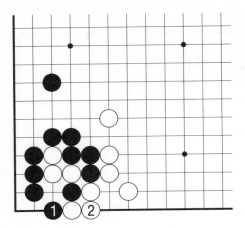

그림1 (정답)

흑❶로 단수치는 것이 정답이다. 흑은 환격의 형태이기 때문에 걱정하지 않아도 된다.

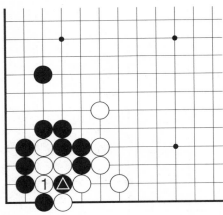

그림2 (계속)

앞 그림에 계속해서 백①로 따내도 흑❷로 되따내면 그만인 것이다.

(흑❷…흑▲)

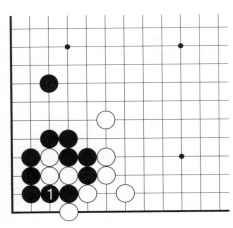

그림3 (실패)

흑❶로 따내는 것은 묘미가 없다. 정답과는 선후수 차이가 난다.

능률적인 응수

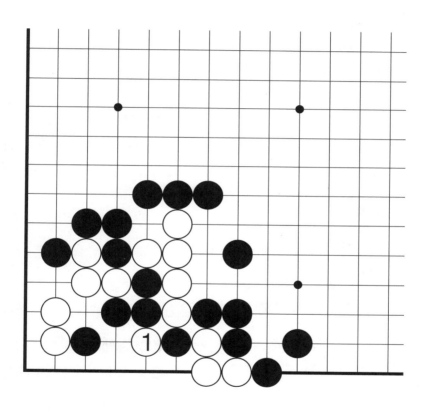

백①로 단수친 장면이다. 흑은 어떻게 응수하는 것이 가장 능률적인 방법일까?

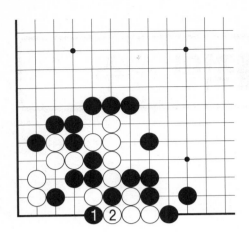

그림1 (정답)

흑❶로 단수치는 것이 정답이다. 얼핏 백②로 따내면 안 되는 것처럼 보이지만….

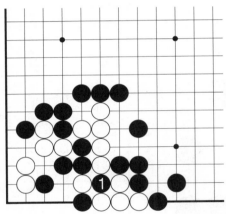

그림2 (계속)

앞 그림에 계속해서 흑❶로 되따내면 백을 환격으로 잡을 수 있다.

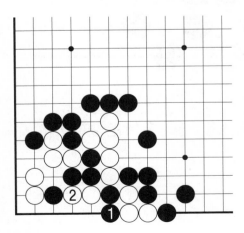

그림3 (실패)

흑❶로 따내는 것은 하수의 발상이다. 백②로 단수치면 흑이 도리어 잡히고 만다.

환격의 기본형

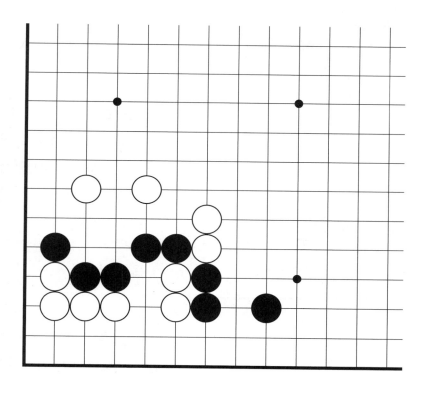

변에서 자주 등장하는 환격의 기본형이다. 첫 수가 성패를
가름한다.

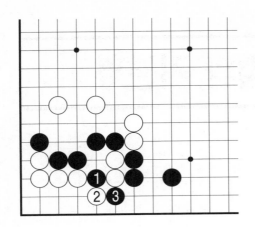

그림1 (정답)

흑❶로 끼우는 것이 정답이다. 백②로 막는다면 흑❸으로 단수쳐서 환격을 유도할 수 있다.

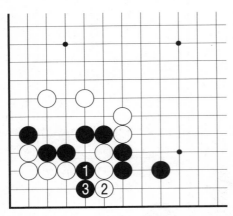

그림2 (변화)

흑❶로 끼웠을 때 백②로 내려선다면 흑❸으로 차단해서 그만이다. 백은 더욱 손해를 초래한 결과이다.

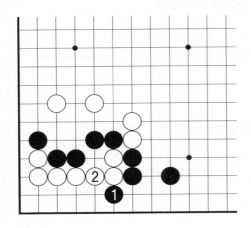

그림3 (실패)

흑❶로 젖히는 것은 끝내기에 지나지 않는다. 백②로 잇고 나면 더 이상 수단의 여지가 없다.

사활을 추궁

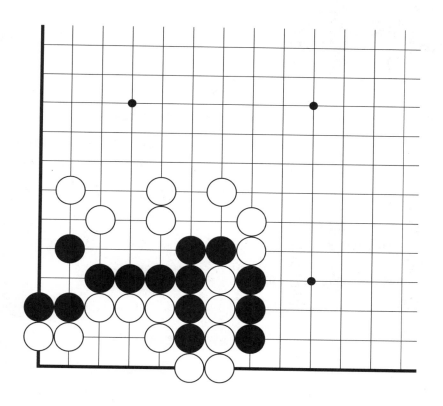

상대의 자충을 활용해서 수단을 부리는 문제이다. 상대가 욕심을 내면 환격으로 유도한다.

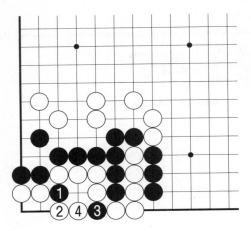

그림1 (정답)

흑❶로 끊는 것이 묘미 있는 수단이다. 백이 양자충을 피해 ②로 단수친다면 흑❸으로 먹여치는 것이 좋은 수순이다. 계속해서….

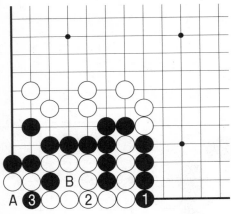

그림2 (계속)

앞 그림에 계속해서 흑❶ 때 백②로 잇는 것은 무리수이다. 흑❸으로 먹여치면 백은 양환격이 된다. 이후 백은 A와 B 어느쪽으로 따내도 환격을 피할 수 없다.

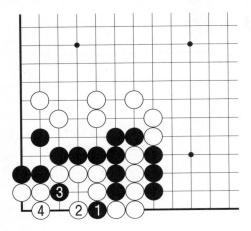

그림3 (실패)

흑❶, 백②를 결정짓는 것은 대 악수이다. 뒤늦게 흑❸으로 끊어도 백에겐 ④로 늦추는 호착이 준비되어 있다.

능률적인 끝내기

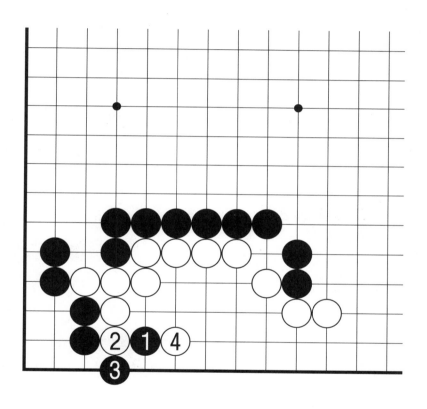

흑❶로 한 칸 뛰자 백이 ②로 찌른 후 ④에 붙여서 저지한 모습이다. 흑은 어떤 방법으로 끝내기하는 것이 최선일까?

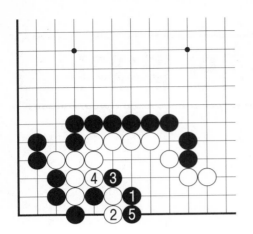

그림1 (정답)

흑❶로 껴붙이는 것이 정답이다. 계속해서 백②로 내려선다면 흑❸으로 끊는 수가 성립한다. 백④에는 흑❺로 단수쳐서 환격이 된다.

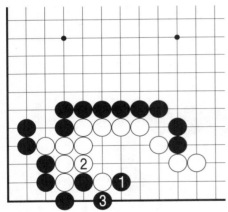

그림2 (변화)

흑❶ 때 백②로 단수친다면 흑❸으로 두어 패로 버티는 것이 강력하다. 이 패는 백의 부담이 크다. 이후 흑은 오른쪽을 끊는 약점을 노린다.

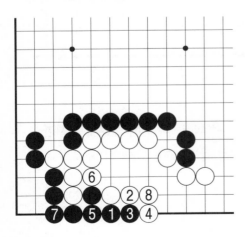

그림3 (실패)

흑❶로 젖히는 것은 다소 소극적인 끝내기 수단이다. 이하 백⑧까지 선수로 끝내기한 것에 만족해야 한다.

귀의 사활을 추궁

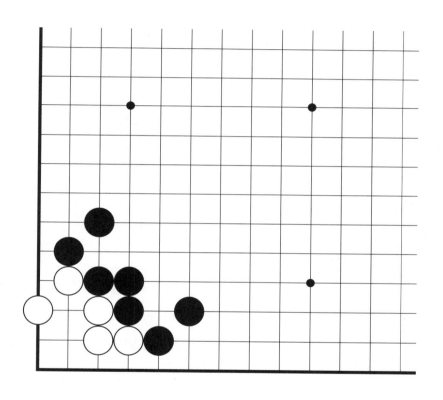

귀의 백을 공격하는 문제이다. 정확한 수순으로 패를 유도한다.

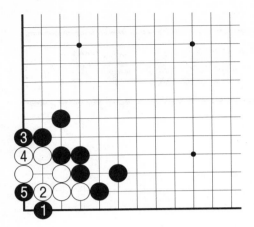

그림1 (정답)

흑❶로 치중하는 것이 급소 일
격이다. 이후 백②로 막고 이
하 흑❺까지 패가 되는 것이
필연적인 수순이다.

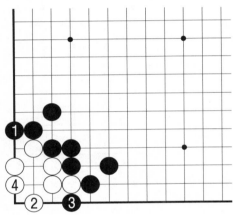

그림2 (실패1)

흑❶로 내려서는 것은 끝내기
에 불과한 수이다. 백②가 삶
의 급소. 흑❸, 백④까지 백은
거뜬한 삶이다.

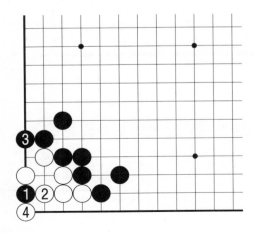

그림3 (실패2)

흑❶로 치중하는 수 역시 찬성
할 수 없다. 백②·④까지 흑
은 별로 한 것이 없다.

귀곡사로 유도

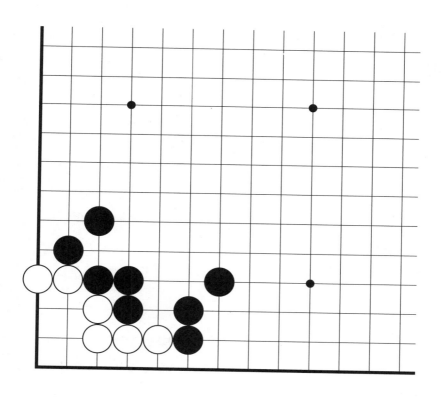

이 형태는 패를 만들지 않고 백을 잡을 수 있어야 한다. 첫 수만 알면 다음은 비교적 간단하다.

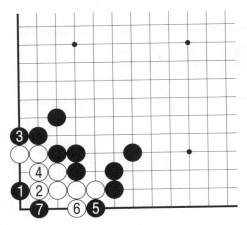

그림1 (정답)

흑❶로 치중하는 것이 정답이
다. 백②에는 흑❸이 긴요한
선수 활용. 백④를 기다려
흑❺·❼로 공략하면 백은 귀
곡사가 된다.

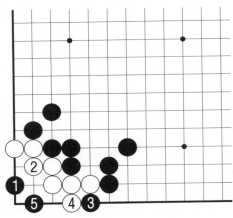

그림2 (변화)

흑❶ 때 백②로 잇는다면 흑
❸으로 젖혀서 그만이다. 백
④로 막아도 흑❺로 두면 귀
곡사의 형태가 된다.

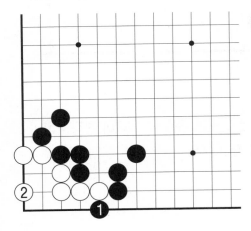

그림3 (실패)

흑❶로 젖히는 것은 급소를 외
면한 수이다. 백②로 보강하면
더 이상 공격이 불가능하다.

사활의 급소

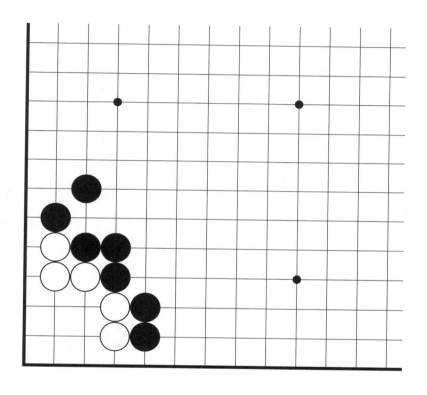

흑의 급소 일격에 백은 별다른 저항도 하지 못하고 죽음을
맞이하게 된다. 첫 수가 관건이다.

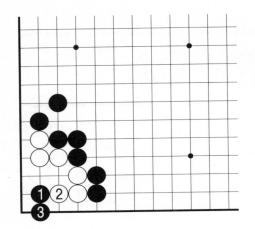

그림1 (정답)

흑❶의 급소 치중이 통렬하다. 이후 백②에는 흑❸으로 내려서는 것이 준비된 수단이다. 계속해서….

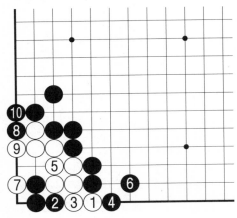

그림2 (계속)

앞 그림에 계속해서 백①로 젖힌다면 흑❷ · ❹로 단수치는 것이 요령이다. 백⑤ 때 흑❻이 침착한 보강수로 이하 흑❿까지 백을 잡을 수 있다.

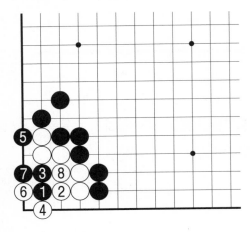

그림3 (실패)

흑❶, 백② 때 흑❸으로 두는 것은 의문수이다. 이하 백⑧까지 패가 되어서는 공격 실패이다.

자충을 활용

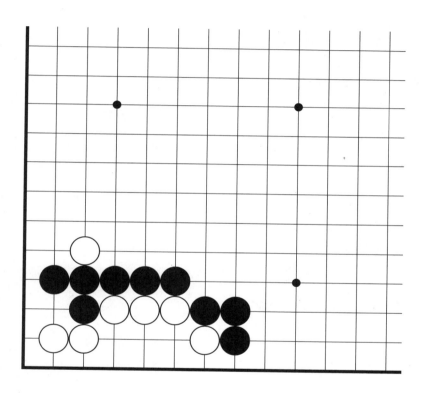

단순히 백 한 점을 잡는 것에 만족해서는 안 된다. 자충의 맥
을 활용하면 전체 백을 잡을 수 있다.

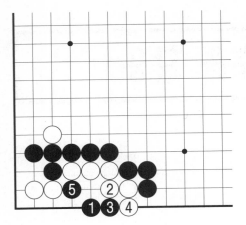

그림1 (정답)

흑❶의 치중이 석 점의 중앙에 해당하는 급소이다. 계속해서 백②로 잇는다면 흑❸·❺가 좋은 수순이다. 백은 자충이 되어 단수가 불가능한 모습.

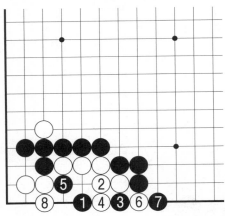

그림2 (실패1)

흑❶, 백② 때 흑❸을 젖히는 것은 의문수이다. 백은 ④로 막은 후 이하 ⑧까지 패로 버티게 된다.

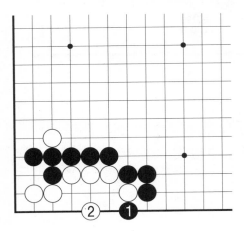

그림3 (실패2)

흑❶로 단수치는 것은 단순한 끝내기에 불과하다. 백②로 보강하고 나면 성공을 거두었다고 보기 힘들다.

106 | **맥점** 모르고 바둑 두지 마라

통렬한 끝내기

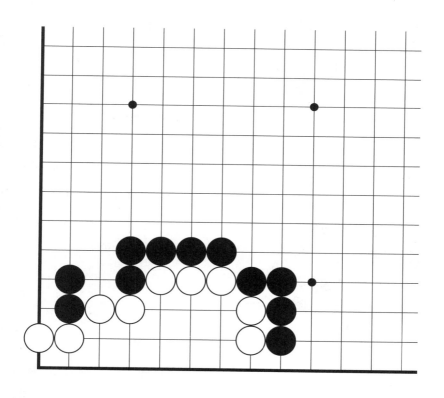

전체 백을 잡을 수는 없다. 그러나 흑의 급소 일격에 백은 두
집을 내기에 급급할 것이다. 끝내기의 급소는?

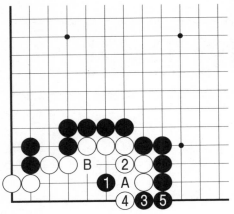

그림1 (정답)

흑❶이 통렬한 급소 일격이다. 계속해서 백②로 잇는다면 흑❸·❺로 젖혀 잇는 것이 좋은 수순이다. 이후 백이 A에 잇는 것은 흑B로 끊어서 환격이 된다.

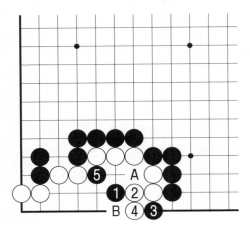

그림2 (계속)

앞 그림에 계속해서 백은 ①로 물러서는 것이 최선이다. 이후 흑❷로 끊고 이하 백⑦까지 일단락인데, 흑이 선수로 끝내기를 한 모습이다.

그림3 (변화)

흑❶ 때 백②로 욕심을 부리는 것은 무리수이다. 흑은 ❸으로 젖힌 후 ❺에 끊는 것이 묘수이다. 이후 백A로 잇는 것은 흑B로 단수쳐서 그만이다.

능률적인 보강

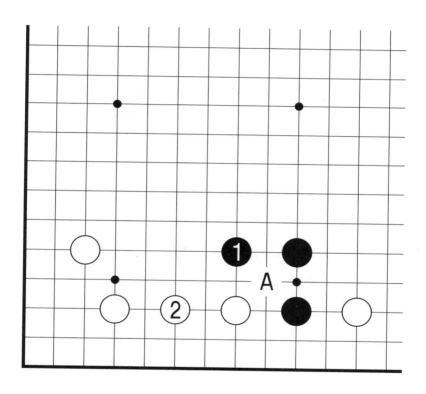

흑❶로 한 칸 뛰자 백이 ②로 지킨 장면이다. 흑은 A의 약점을 가장 능률적인 방법으로 보강하고 싶다.

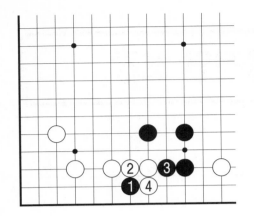

그림1 (정답)

흑❶로 치중하는 것이 정답이다. 백②로 잇는다면 흑❸이 기분 좋은 선수 활용이 된다. 흑은 선수로 단점을 보강했다.

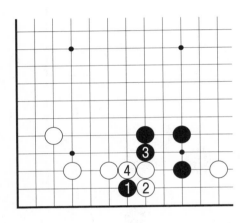

그림2 (변화)

흑❶ 때 백②로 막는다면 이번엔 흑❸이 선수가 된다. 백④로 보강할 때 흑은 선수를 뽑아 큰 곳에 선행한다.

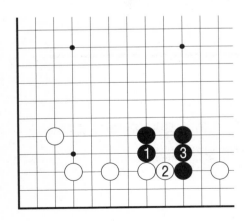

그림3 (실패)

단순히 흑❶로 치받는 것은 백②가 선수로 듣는다. 정답과는 한 수 차이가 난다.

연결을 모색

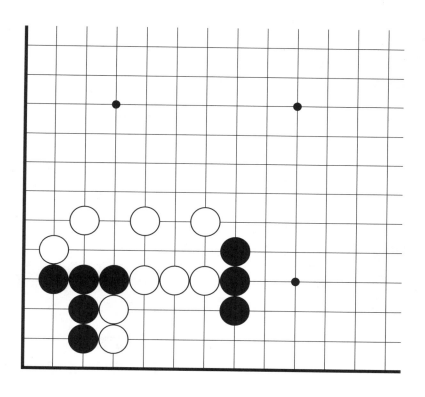

귀의 흑은 자체로 살 수 없는 모습이다. 그렇다면 변으로의
연결을 모색해야 한다. 삶의 수순은 어떻게 될까?

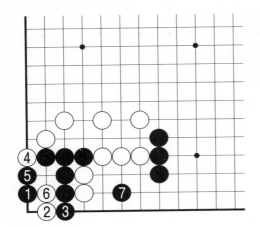

그림1 (정답)

일단 흑❶로 한 칸 뛰어 두 집을 만들자고 하는 것이 중요하다. 이하 백⑥까지 상대가 잡으러 오는 것을 기다려 흑❼로 날일자하면 연결이 가능하다. 계속해서….

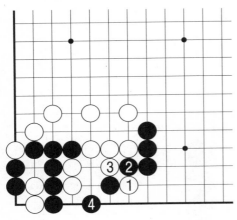

그림2 (계속)

앞 그림에 계속해서 백①·③으로 절단을 감행해도 흑이 ❷로 끊은 후 ❹에 입구자하면 손쉽게 넘을 수 있다.

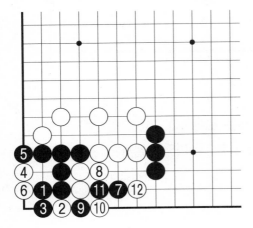

그림3 (실패)

흑❶로 두는 수도 성립할 것 같지만 백②로 젖히는 것이 급소가 되어 잘 안 된다. 이하 백⑫까지 흑 죽음이다.

삶의 수순

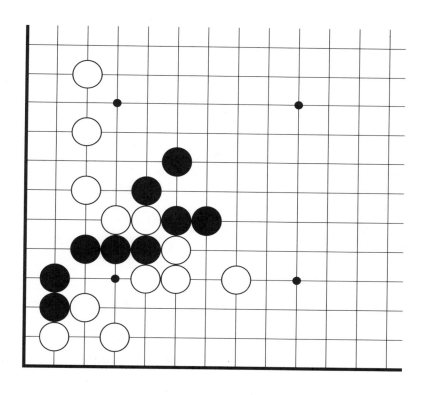

귀의 흑 다섯 점을 살리는 문제이다. 첫 수가 삶의 성패를 좌우할 만큼 중요하다.

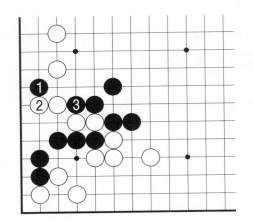

그림1 (정답)

흑❶로 치중하는 것이 정답이다. 백②로 막는다면 흑❸으로 단수쳐서 백 두 점을 잡고 살 수 있다.

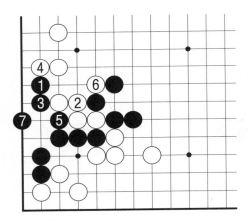

그림2 (변화)

흑❶로 치중하면 백은 ②로 잇는 것이 최선의 대응법이다. 계속해서 흑❸으로 넘고 이하 백⑥까지가 쌍방 최선의 진행이다.

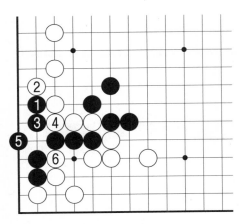

그림3 (실패)

흑❶로 붙이는 것은 형태에 얽매인 속수이다. 백은 ②로 막은 후 이하 ⑥까지 공략해서 흑을 잡을 수 있다.

절묘한 치중

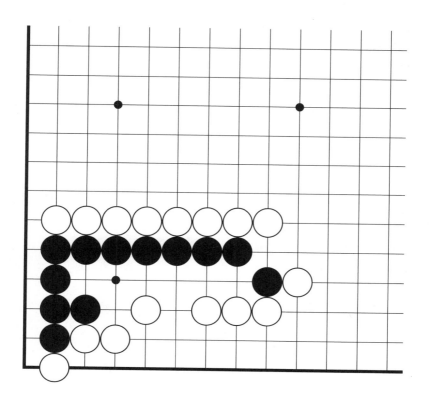

흑은 양쪽에 후수 한 집밖에 없는 모습이라 매우 위험한 지경에 처해 있다. 흑은 선수로 한 집을 만들 수 있는 방법을 연구해야 한다.

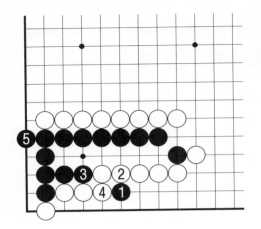

그림1 (정답)

흑❶로 치중하는 것이 절묘한 맥점이다. 백②로 이을 수밖에 없을 때 흑❸이 긴요한 선수 활용. 백④를 기다려 흑❺로 내려서면 가뿐한 삶이다.

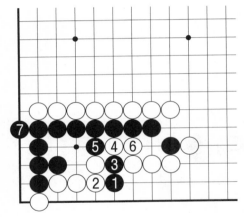

그림2 (변화)

흑❶ 때 백②로 막는다면 흑❸·❺로 단수치는 것이 요령이다. 백⑥ 때 흑❼로 내려서면 이 역시 삶을 확보할 수 있다.

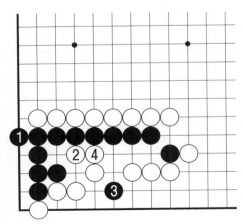

그림3 (실패)

단순히 흑❶로 내려서는 것은 백②의 파호가 통렬하다. 뒤늦게 흑❸으로 치중해도 백④로 응수하고 나면 흑이 잡히고 만다.

삶의 맥점

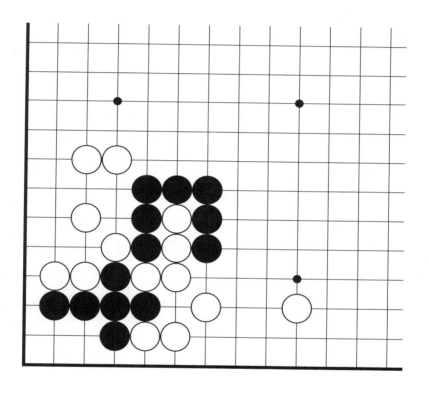

백의 약점을 이용해서 귀의 흑을 살리는 문제이다. 첫 수가 성패를 좌우한다.

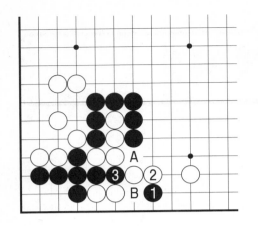

그림1 (정답)

흑❶로 치중하는 것이 절묘한 맥점이다. 백②로 막는다면 흑❸으로 단수쳐서 삶이다. 이후 흑은 A와 B가 맞보기이다.

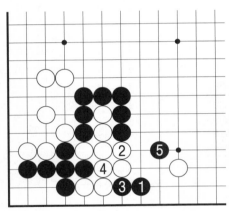

그림2 (변화)

흑❶ 때 백이 ②로 약점을 보강한다면 흑❸이 기분 좋은 선수 활용이다. 계속해서 백④는 무리수로 흑이 ❺로 날일자하면 백 전체가 잡히고 만다.

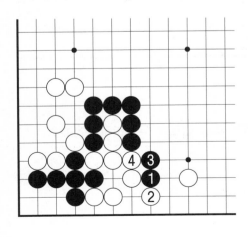

그림3 (실패)

얼핏 흑❶로 붙이는 수도 맥점처럼 보이지만 속맥에 해당한다. 백②로 젖힌 후 ④에 잇고 나면 흑돌만 잡힐 뿐이다.

수상전

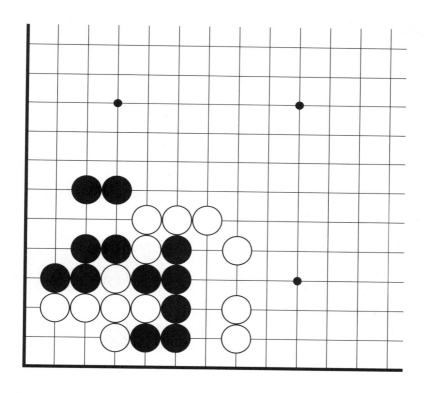

흑과 백이 수상전을 벌이고 있는 모습이다. 단순하게 수를
줄이는 방법으로는 안 된다. 귀의 수를 줄이는 것이 관건
이다.

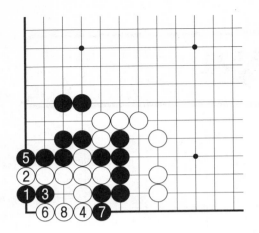

그림1 (정답)

흑❶로 치중하는 것이 수상전의 급소이다. 이 수로 백의 수가 대폭 줄어들게 된다. 계속해서 백②로 차단한다면 흑❸으로 그만이다. 흑❼ 때 백⑧이라면 흑은 손을 빼도 된다.

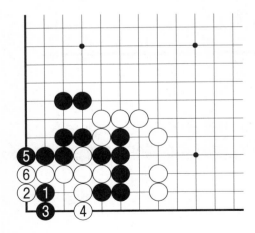

그림2 (변화)

흑❶ 때 백②로 막아서 변화를 모색한다면 이번엔 흑❸이라는 맥점이 기다리고 있다. 백④ 때 흑❺로 젖히면 백 죽음이다.

그림3 (실패)

흑❶로 치중하는 것은 대 악수이다. 백은 ②로 젖힌 후 ❹에 내려서 궁도를 최대한 넓히는 것이 중요하다. 흑❺ 때 백⑥으로 이으면 흑이 잡힌 모습이다.

사활을 추궁

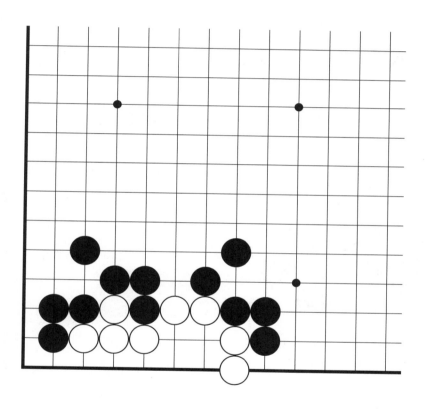

잡을 수 없는 모양이라고 속단해서는 안 된다. 백의 급소를
찌르면 손쉽게 죽음으로 유도할 수 있다.

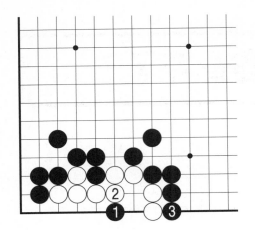

그림1 (정답)

흑❶로 치중하는 것이 절묘하다. 백②로 잇는다면 흑❸으로 자충을 유도하는 것이 좋은 수순이다. 계속해서….

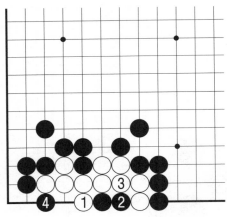

그림2 (계속)

앞 그림에 계속해서 백①로 단수친다면 흑❷의 선수 활용이 기다리고 있다. 백③ 때 흑❹로 젖히면 백 죽음이다.

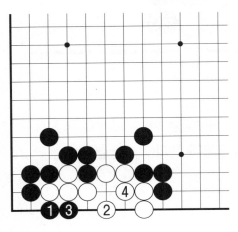

그림3 (실패)

단순히 흑❶로 젖히는 것은 백②라는 호착이 준비되어 있다. 흑❸ 때 백④로 두 집을 만들면 거뜬한 삶이다.

환격을 활용

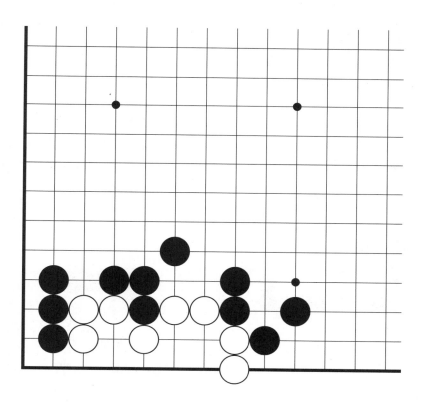

앞 문제를 충실하게 풀었다면 어렵지 않게 해결할 수 있는
문제이다. 환격을 활용하는 것이 요령이다.

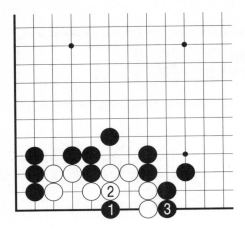

그림1 (정답)

흑❶로 치중하는 것이 중요하다. 백② 때 흑❸으로 막아 환격의 형태를 유도한다. 계속해서….

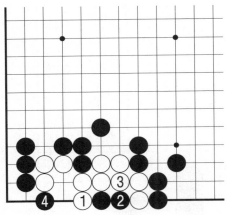

그림2 (변화)

앞 그림에 계속해서 백은 자충 관계상 ①로 단수칠 수밖에 없다. 흑은 ❷를 선수한 후 ❹에 젖혀서 백을 잡을 수 있다.

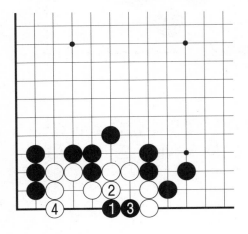

그림3 (실패)

흑❶, 백② 때 흑❸으로 파호하는 것은 의문수이다. 백④로 내려서서 궁도를 넓히면 도저히 백을 잡을 수 없다.

자충을 유도

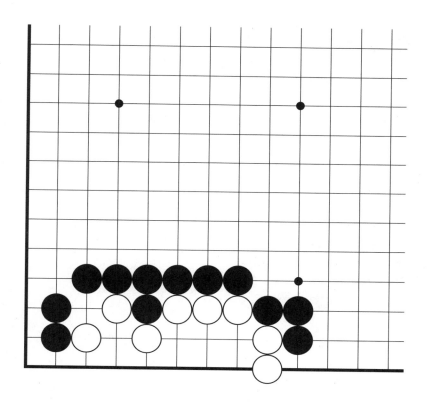

궁도가 넓어서 도저히 안 될 것 같지만 절묘한 수순으로 백 전체를 죽음으로 유도하는 방법이 있다.

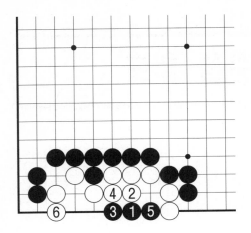

그림1 (정답)

일단은 흑❶로 치중할 곳이다. 계속해서 백②에는 흑❸ · ❺로 파호하는 것이 중요하다. 백은 ⑥으로 내려서서 버틸 수밖에 없는데….

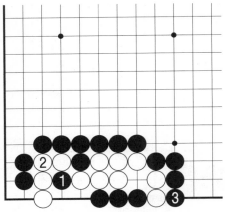

그림2 (계속)

앞 그림에 계속해서 흑에겐 ❶로 먹여치는 수가 준비되어 있다. 백②로 이을 때 흑❸으로 단수치면 백은 이을 수가 없다.

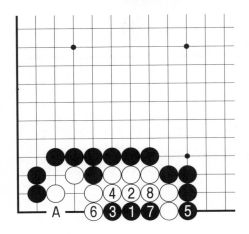

그림3 (실패)

흑❶로 치중하고 이하 백④까지 진행되었을 때 흑❺로 막는 것은 이 경우 의문이다. 백은 ⑥ · ⑧로 따낸 후 A와 ❶의 곳을 맞보기로 해서 거뜬한 삶이다.

귀를 잠식

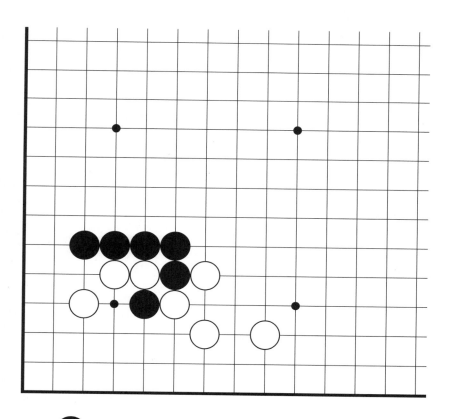

백의 약점을 활용해서 귀를 효율적으로 잠식하는 문제이다.
끝내기의 맥점은 어디일까?

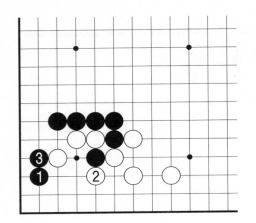

그림1 (정답)

흑❶로 치중하는 것이 정답이다. 백은 ②로 물러설 수밖에 없는데, 흑❸으로 넘어서 큰 성과를 거둔다.

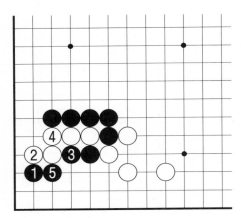

그림2 (변화)

흑❶ 때 백②로 차단하는 것은 무리수이다. 흑❸으로 단수친 후 ❺에 막으면 백이 크게 잡히고 만다.

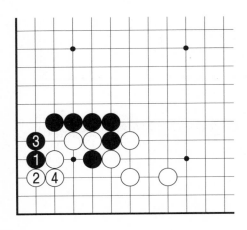

그림3 (실패)

흑❶로 붙이는 것도 일종의 맥점이다. 그러나 백④로 이어서는 큰 성과를 거두었다고 보기 힘들다.

후반부

공격의 출발점

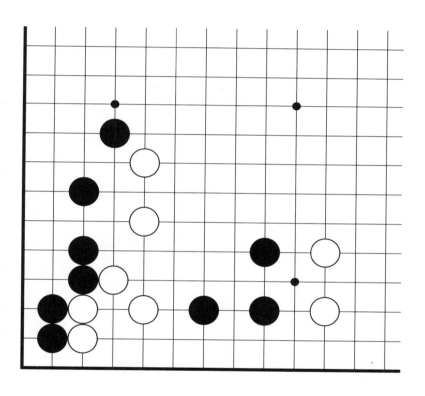

흑과 백이 치열한 전투를 벌이고 있는 장면이다. 선수를 잡은 흑은 공격의 주도권을 장악할 절호의 찬스를 잡았다.

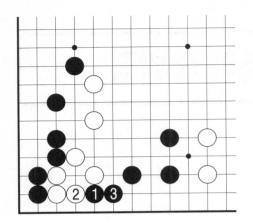

그림1 (정답)

흑❶로 붙이는 것이 공격의 출
발점이다. 백②로 젖힌다면 흑
❸으로 뻗어서 백의 근거를 박
탈할 수 있다.

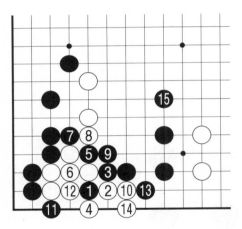

그림2 (변화)

흑❶ 때 백②로 젖히는 것이
염려되지만 전혀 걱정할 것이
없다. 백④로 단수치면 흑 한
점이 잡히지만 흑❺·❼로 중
앙을 절단할 수 있기 때문에
이하 흑⑮까지 흑이 우세한 결
말이다.

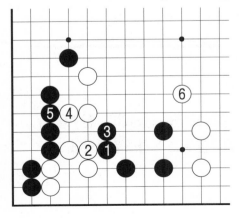

그림3 (실패)

흑❶·❸은 의문의 공격 수순
이다. 백④ 때 흑❺로 보강할
수밖에 없다는 것이 흑의 쓰라
림이다. 백⑥까지 흑의 실패.

귀굳힘의 약점

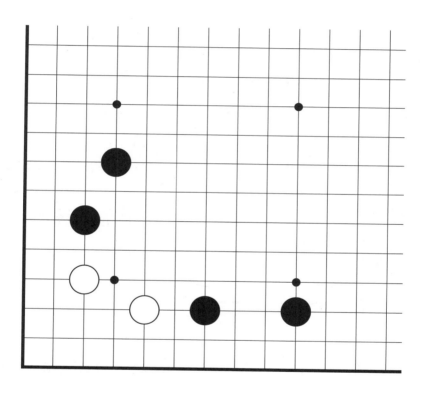

귀를 날일자로 굳혔다고 해서 안전한 것은 아니다. 지금처럼 주변 흑이 강할 경우 날일자 굳힘도 미생마로 변한다.

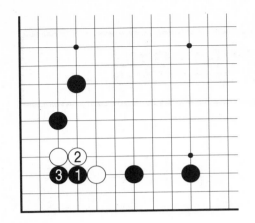

그림1 (정답)

흑❶로 붙이는 것이 적절한 맥점이다. 계속해서 백②로 막는다면 흑❸으로 근거를 마련하는 것이 요령이다. 계속해서….

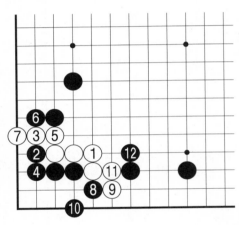

그림2 (계속)

앞 그림에 계속해서 백은 ①로 잇는 정도이다. 흑은 ❷·❹로 젖혀 이은 후 이하 ⓬까지 백 전체를 미생마로 만들 수 있다.

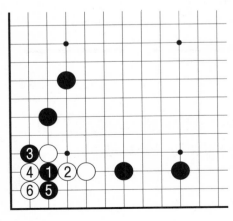

그림3 (실패)

흑❶도 일종의 맥점이지만 이 경우엔 좋지 않다. 백은 ②로 치받은 후 흑❸ 때 백④로 단수쳐서 흑 한 점을 잡을 수 있다.

단수는 악수

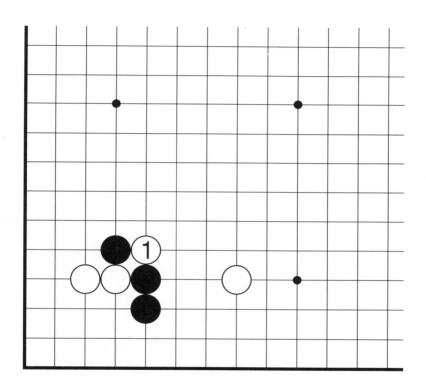

백①로 끊어 온 장면이다. 흑은 형태를 정비하고 싶은데, 어떤 요령으로 두는 것이 최선일까? 단수를 결정짓는 것은 대부분 악수가 될 가능성이 높다.

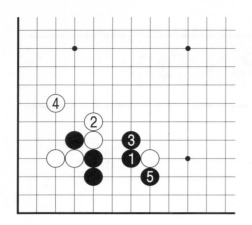

그림1 (정답)

흑❶로 붙이는 것이 정답이다. 백②로 올라선다면 흑도 ❸으로 올라서는 것이 행마법. 이후 백④로 날일자하는 정도인데, 흑은 ❺로 젖혀서 안정된 모습이다.

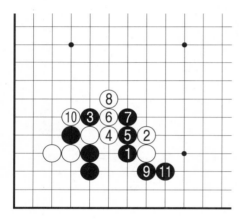

그림2 (변화)

흑❶ 때 백②로 올라서는 것은 의문이다. 흑은 ❸으로 단수친 후 ❺·❼로 돌파하는 것이 통렬하다. 백⑩ 때 흑⓫로 뻗으면 흑이 우세하다.

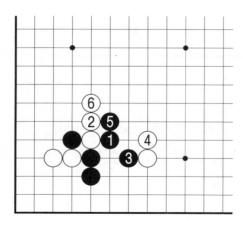

그림3 (실패)

흑❶로 단수친 후 ❸으로 호구치는 것은 전형적인 속수이다. 백④·⑥이면 흑은 여전히 불안전한 형태이다.

의문의 탈출

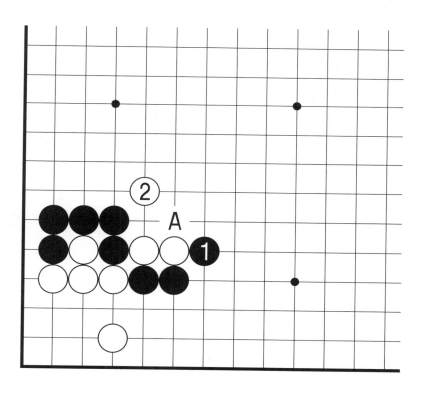

흑❶로 젖히자 백이 ②로 한 칸 뛰어 달아난 장면이다. 그러나 백②는 의문의 탈출 수로 A에 두는 것이 정수이다. 백의 실수를 추궁하는 급소는?

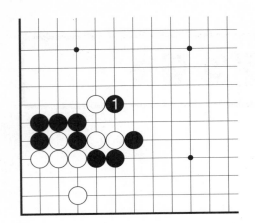

그림1 (정답)

흑❶이 쌍립의 급소에 해당하는 곳으로 정답이다. 이 수에 백은 응수가 끊기고 만다. 계속해서….

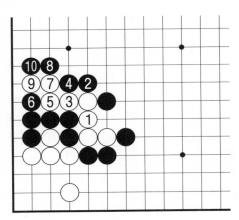

그림2 (계속)

앞 그림에 계속해서 백①로 잇는 것은 무리수이다. 흑❷로 젖힌 후 이하 ❿까지 공략하면 백은 빈축의 형태로 잡히고 만다.

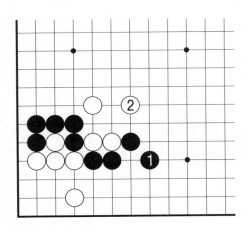

그림3 (실패)

흑❶로 호구쳐서 단점을 보강하는 것에 연연하는 것은 의문이다. 백②로 한 칸 뛰면 백은 손쉽게 형태를 정비할 수 있다.

공격의 급소

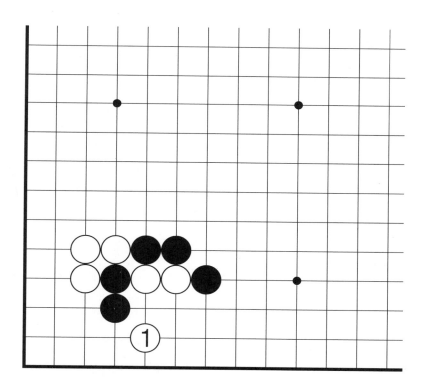

백①로 한 칸 뛰어 두 점을 살린 장면이다. 계속해서 흑은 어떤 방법으로 백을 공략해야 할까?

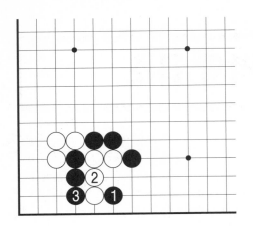

그림1 (정답)

흑❶이 공격의 급소이다. 계속해서 백②로 잇는다면 흑❸으로 막아서 손쉽게 백을 잡을 수 있다.

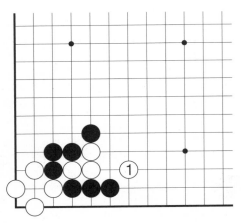

그림2 (응용형)

문제도와 유사형 형태이다. 백①로 한 칸 뛰어 달아날 때 흑은 어떻게 공격해야 할까?

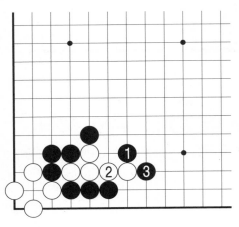

그림3 (계속)

흑❶로 붙이는 것은 형태상의 급소이다. 백②로 이어도 흑❸으로 젖히면 빈축으로 백을 잡을 수 있다.

침입의 급소

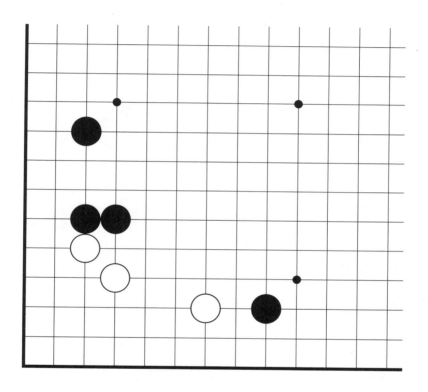

귀의 백이 허술한 모양을 취하고 있다. 백의 허술함을 찌르
는 침입의 급소는 어디일까?

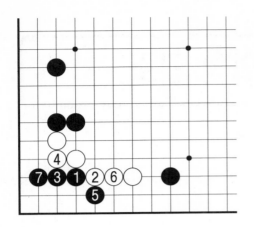

그림1 (정답)

흑❶로 붙이는 것이 절묘한 침입의 급소이다. 계속해서 백②로 젖힌다면 흑❸으로 뻗은 후 이하 ❼까지 손쉽게 안정할 수 있다.

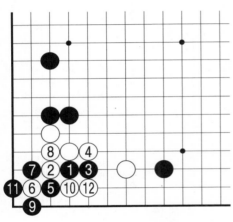

그림2 (변화)

흑❶ 때 백②로 젖힌다면 흑❸으로 뻗는 것이 요령이다. 이후 백은 ④로 막은 후 ⑥으로 이단젖혀 응수하는 정도인데, 흑은 선수로 귀를 차지할 수 있다.

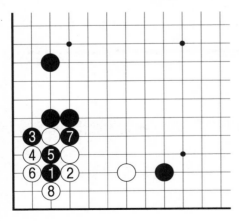

그림3 (실패)

흑❶도 침입의 급소이긴 하지만 이 경우 약간 미흡하다. 백은 ②로 막은 후 이하 ⑧까지 귀를 지켜서 충분하다.

절묘한 연결

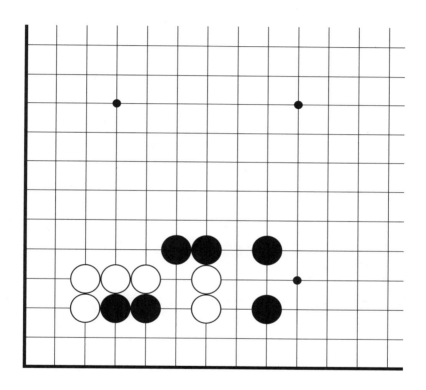

변의 흑 두 점을 살리는 문제이다. 수순이 정확해야 한다. 첫
수가 성패를 좌우한다.

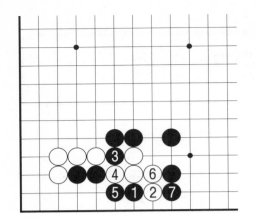

그림1 (정답)

흑❶로 붙이는 것이 절묘한 맥점이다. 계속해서 백②로 젖힌다면 흑❸ · ❺로 절단하는 것이 수순이다. 백⑥에는 흑❼로 막아서 그만이다.

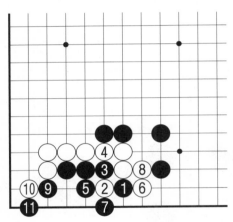

그림2 (변화)

흑❶ 때 백②로 젖힌다면 흑❸ · ❺로 단수치는 수가 성립한다. 계속해서 백⑥ · ⑧의 공격에는 흑❾ · ⓫로 응수해서 삶이 가능하다.

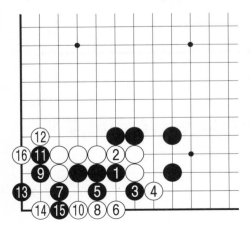

그림3 (실패)

흑❶로 치받은 후 ❸으로 젖히는 것은 수순 착오이다. 백은 ④로 젖힌 후 이하 ⑯까지 최강의 수순으로 공격해서 흑을 잡을 수 있다.

연결의 급소

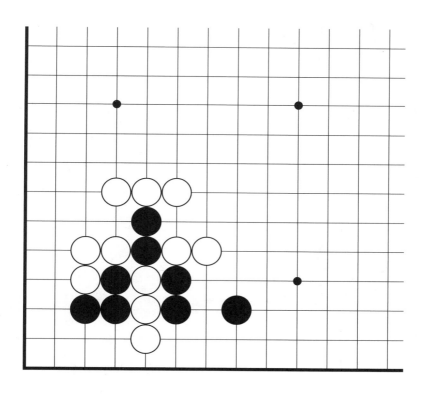

귀의 흑 석 점을 변의 흑돌과 연결시키는 문제이다. 절묘한 수순으로 연결에 성공한다.

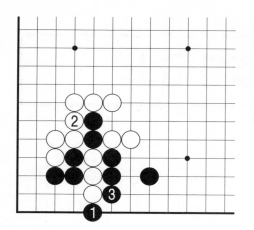

그림1 (정답)

흑❶로 붙이는 것이 정답이다. 백은 ②로 물러서는 정도인데, 흑❸으로 단수쳐서 연결이 가능한 모습이다.

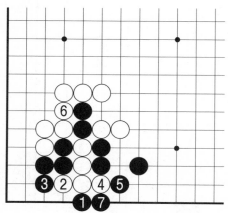

그림2 (변화)

흑❶ 때 백②·④로 움직이는 것은 백의 손해이다. 이하 흑❼까지 넘게 되는데, 이후 백이 후수를 잡을 가능성이 있다.

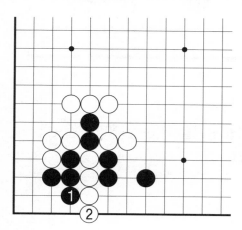

그림3 (실패)

흑❶로 막는 것은 의문수이다. 백②로 차단하면 연결은 영영 불가능해진다. 이후 흑은 귀를 후수로 사는 정도이다.

필살의 급소

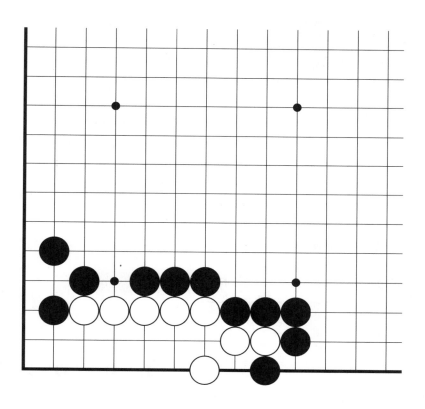

궁도가 넓게 보이는 백이지만 급소 한 방에 속절 없이 무너
지고 만다. 필살의 급소는 어디일까?

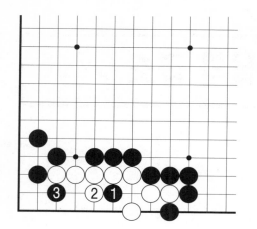

그림1 (정답)

흑❶로 치중하는 수가 통렬한 급소 일격이다. 계속해서 백②로 막는다면 흑❸으로 젖혀서 간단히 죽음이다.

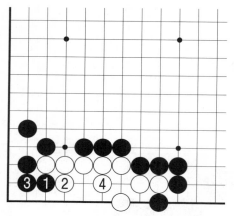

그림2 (실패)

단순히 흑❶·❸으로 젖혀 잇는 것은 끝내기에 지나지 않는다. 백④까지 간단한 삶이다.

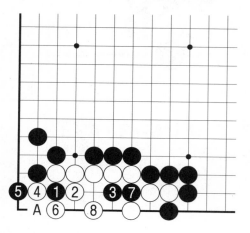

그림3 (변화)

흑❶, 백② 때 흑❸으로 치중하는 것이 그나마 생각한 수. 그러나 백에겐 이하 ⑧까지 버티는 수가 준비되어 있다. 이후 흑은 A에 집어넣어 패를 하는 정도이다.

침착한 공격

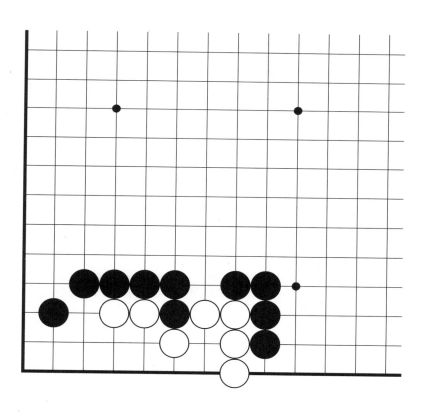

침착한 방법으로 백의 궁도를 줄이는 것이 중요하다. 공격의 급소는 어디일까?

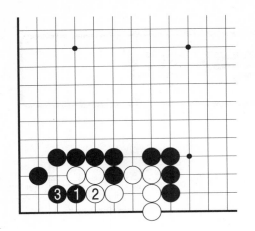

그림1 (정답)

흑❶로 붙이는 것이 정답이다.
백②로 잇는다면 흑❸으로 뻗
어서 간단히 죽음이다.

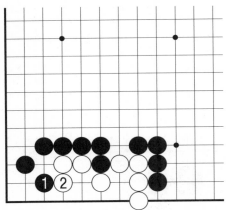

그림2 (실패1)

흑❶로 입구자하는 것은 백②
로 막아서 아무런 수도 성립하
지 않는다.

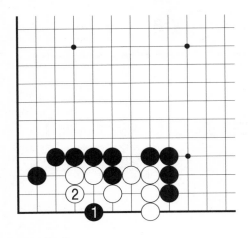

그림3 (실패2)

흑❶로 치중하는 수 역시 쓸데
없는 기교이다. 백②로 받는
순간 역시 흑은 아무런 수도
없다.

절묘한 수습

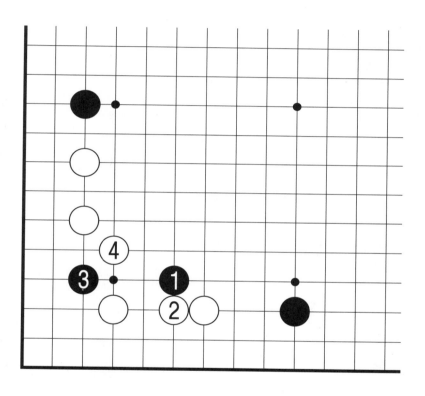

흑**①**로 붙인 후 **③**으로 침입하자 백이 ④로 입구자해서 공격
해 온 장면이다. 흑은 어떤 방법으로 수습해야 할까?

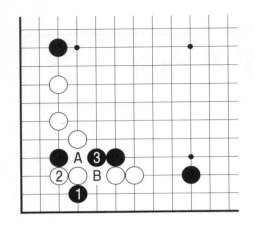

그림1 (정답)

흑❶로 붙이는 것이 절묘한 수습의 맥점이다. 계속해서 백②로 받는다면 흑❸이 준비되어 있다. 이후 흑은 A와 B가 맞보기이다.

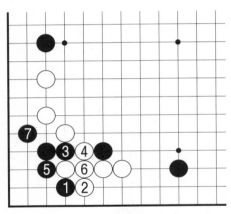

그림2 (변화)

흑❶ 때 백②로 젖힌다면 흑❸·❺가 기분 좋은 선수 활용이 된다. 백⑥을 기다려 흑❼로 입구자하면 수습이 가능한 모습.

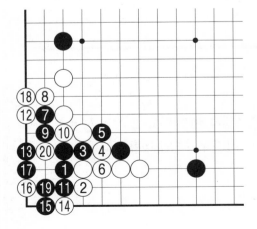

그림3 (실패)

단순히 흑❶로 막는 것은 의문이다. 백은 ②로 내려서는 것이 필살의 공격. 이후 흑❺로 단수치고 이하 ⓳까지 삶의 수순을 구해도 백⑳으로 먹여치면 잡힌 모습이다.

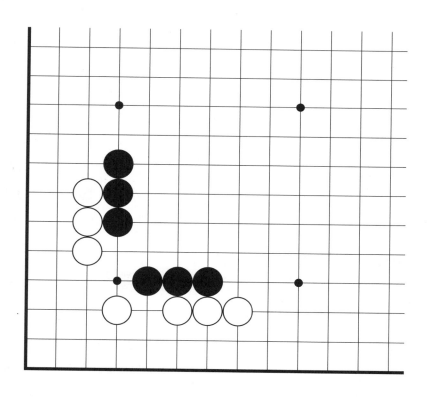

🌙 귀를 완전한 백집으로 인정해서는 안 된다. 백집을 파괴하는
절묘한 맥점이 준비되어 있다.

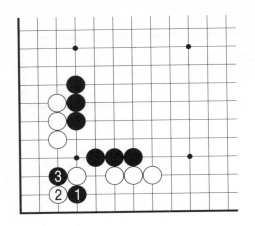

그림1 (정답)

흑❶로 붙이는 것이 절묘한 맥점이다. 계속해서 백②로 젖힌다면 흑❸으로 맞끊어서 수단을 부린다. 이후 어떻게 변화해도 수가 나는 모습이다.

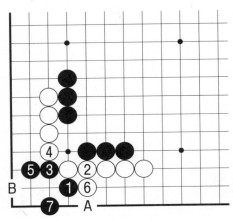

그림2 (변화1)

흑❶ 때 백②로 잇는 것은 흑❸으로 젖히는 수가 성립한다. 백④, 흑❺까지 거뜬한 삶이다. 이후 백A에는 흑B로 삶이다.

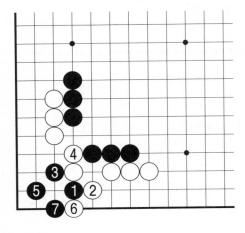

그림3 (변화2)

흑❶ 때 백②로 젖힌다면 흑❸을 선수한 후 ❺에 입구자하는 것이 요령이다. 백⑥에는 흑❼로 받아서 패로 버틴다.

근거 박탈

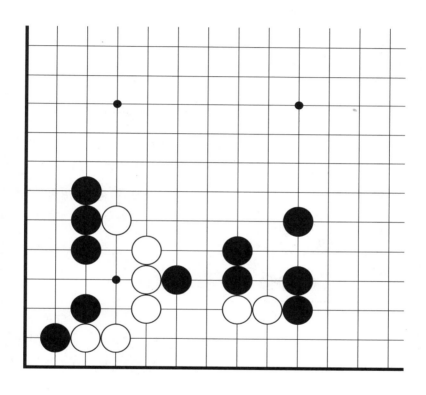

백의 근거를 박탈해서 전체를 미생마로 만드는 문제이다. 절
묘한 치중의 급소가 있다.

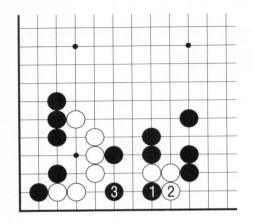

그림1 (정답)

흑❶로 붙이는 수가 절묘한 급소이다. 계속해서 백②로 막는다면 흑❸으로 한 칸 뛰어 좌우 백을 분단시킬 수 있다.

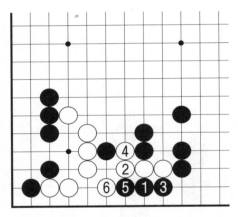

그림2 (변화)

흑❶ 때 백은 ②로 물러서는 정도이다. 계속해서 흑은 ❸으로 넘은 후 ❺에 밀어서 선수로 상당한 이득을 챙겼다.

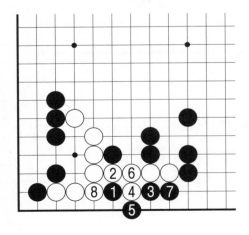

그림3 (실패)

흑❶은 형태에 얽매인 속수이다. 백② 때 흑❸이 연결의 맥점이지만 백⑧까지 진행되고 나면 큰 이득을 보았다고 보기 힘들다.

저공비행

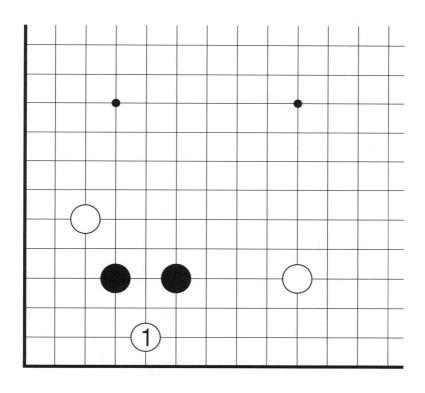

백①로 2선에서 저공비행해 온 장면이다. 흑은 이 백을 잡을
수는 없다. 그러나 이 돌을 효과적으로 공격해서 이득을 취할
수 있다.

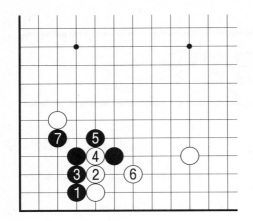

그림1 (정답)

일단 흑❶로 막고 볼 자리이
다. 계속해서 백②·④의 공
격에는 이하 흑❼까지 처리해
서 충분한 모습이다.

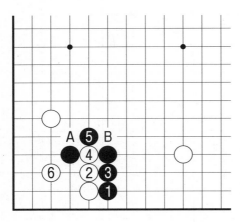

그림2 (실패1)

흑❶로 막는 것은 방향 착오이
다. 백②·④로 찌르고 나오
면 흑 모양에 단점만 부각될
뿐이다. 백⑥ 이후 흑은 A와
B의 약점이 부담이다.

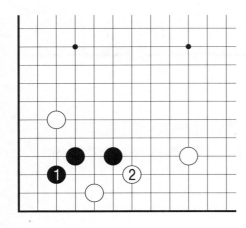

그림3 (실패2)

흑❶은 너무 느슨한 응수법이
다. 백②로 날일자해서 넘고
나면 흑돌만 일방적으로 쫓길
가능성이 있다.

통렬한 급소

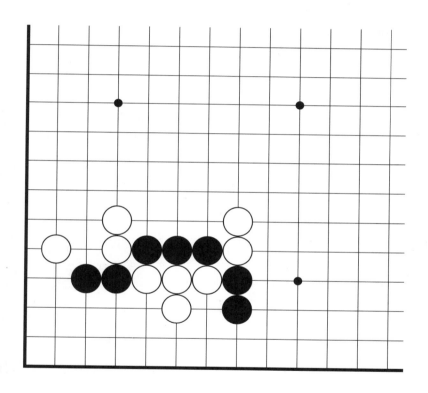

얼핏 흑이 위험한 것처럼 보이지만 통렬한 급소 한 방에 상황이 역전되고 만다. 첫 수가 관건이다.

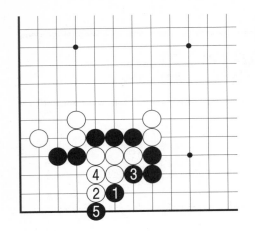

그림1 (정답)

흑❶로 붙이는 것이 맥점이다. 계속해서 백②에는 흑❸으로 단수친 후 ❺에 젖히는 것이 중요한 수순이다. 계속해서….

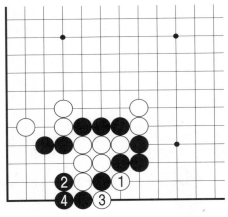

그림2 (계속)

앞 그림에 계속해서 백①로 단수친다면 흑❷로 단수친 후 ❹에 이어서 그만이다. 이후는 백의 수 부족이다.

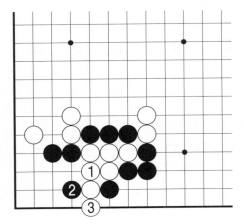

그림3 (실패)

백①로 이었을 때 흑이 앞 그림의 수순을 따르지 않고 ❷로 붙이는 것은 대 악수이다. 백③으로 내려서면 흑이 도리어 잡히고 만다.

끝내기의 맥점

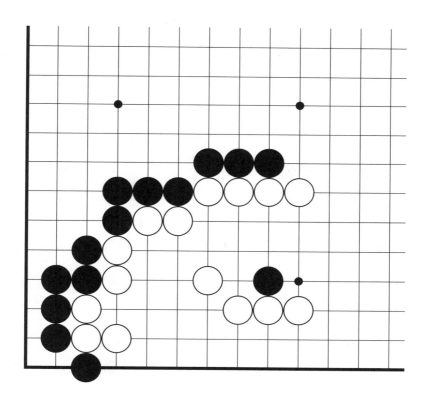

허술한 백 모양의 약점을 추궁해서 끝내기상 상당한 이득을
취하는 문제이다.

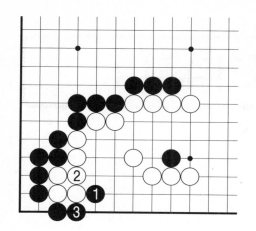

그림1 (정답)

흑❶로 붙이는 것이 정답이다. 백은 ②로 잇는 정도인데, 흑 ❸으로 넘어서 큰 이득을 거둘 수 있다. 이후 백은 끊기는 곳을 또 보강해야 한다.

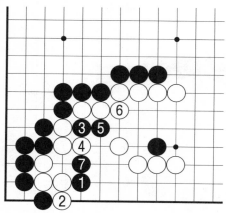

그림2 (변화)

흑❶ 때 백②로 막고 버티는 것은 무리수이다. 흑은 ❸으로 끊는 수가 성립한다. 이후 백 ④·⑥에는 흑❼까지 공격해서 백의 파멸이다.

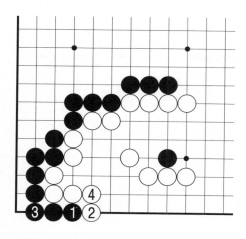

그림3 (실패)

단순히 흑❶로 밀고 들어가는 것은 끝내기에 지나지 않는다. 백은 ②·④로 보강해서 대만족이다.

장문의 급소

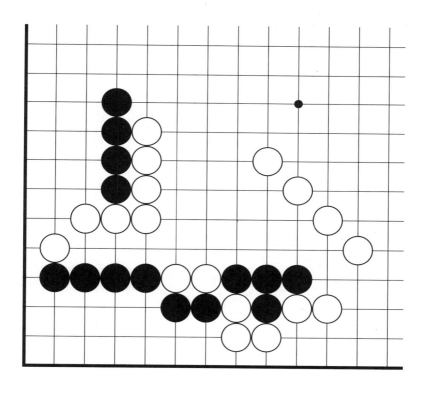

변의 흑 넉 점이 위기에 처한 장면이다. 흑은 백돌을 잡고서 위기를 모면하는 방법이 있다.

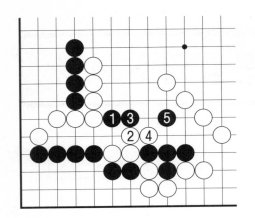

그림1 (정답)

흑❶이 절묘한 장문의 급소이
다. 백②에는 흑❸을 선수한
후 ❺에 씌워서 백을 잡을 수
있다.

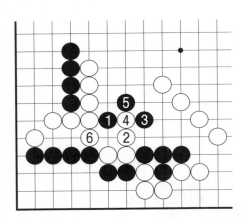

그림2 (실패1)

흑❶, 백② 때 곧장 흑❸으로
씌우는 것은 좋지 않다. 백④
로 찌른 후 ⑥으로 젖히면 흑
은 자충 관계상 단수칠 수가
없다.

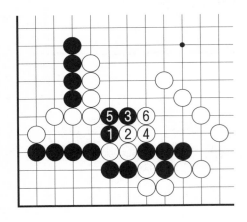

그림3 (실패2)

흑❶·❸을 결정짓는 것은 무
의미하다. 흑❺ 때 백⑥으로
밀고 나가면 흑돌만 잡히고
만다.

효율적인 방비

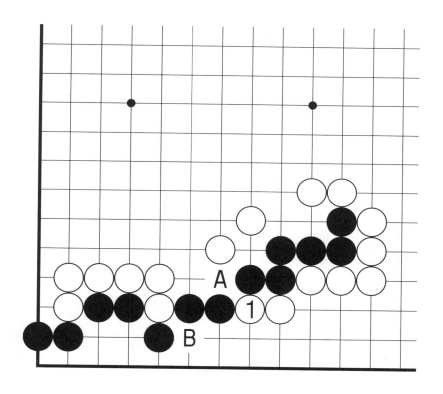

백①로 찌른 장면이다. 이후 흑이 A로 잇는 것은 백B로 끊는
수가 성립한다. 흑은 A와 B의 약점을 동시에 보강하는 방법을
모색해야 한다.

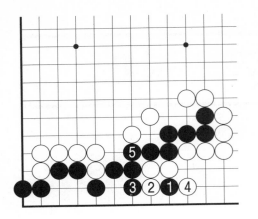

그림1 (정답)

흑❶로 붙이는 것이 정답이다. 계속해서 백②에는 흑❸이 기분 좋은 선수 활용이 된다. 백④ 때 흑❺로 이으면 양쪽의 단점을 동시에 보강했다.

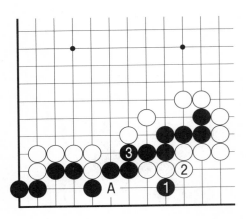

그림2 (변화)

흑❶ 때 백②로 잇는다면 흑❸으로 이어서 그만이다. 이후 백A로 끊는 수가 성립하지 않는다는 것에 주목할 것.

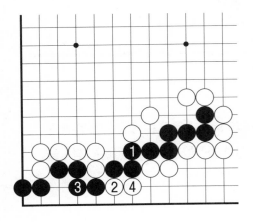

그림3 (실패)

앞에서 언급했지만 단순히 흑❶로 잇는 것은 의문이다. 백은 ②로 끊은 후 흑❸ 때 백④로 넘어서 중앙 대마를 잡을 수 있다.

위기의 순간

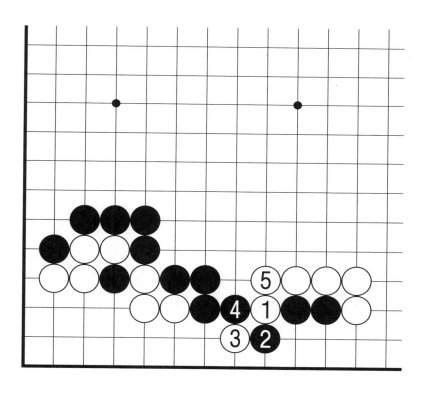

백①로 젖힌 후 흑❷ 때 백③으로 이단젖혀서 흑 모양에 약
점을 만든 장면이다. 흑은 양쪽의 단점을 동시에 보강하는 방
법을 연구해야 한다.

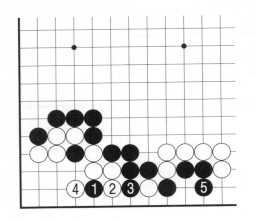

그림1 (정답)

흑❶로 붙이는 것이 맥점이다. 백②에는 흑❸이 기분 좋은 선수 활용이 된다. 백④ 때 흑❺로 보강하면 양쪽의 단점을 모두 보강했다.

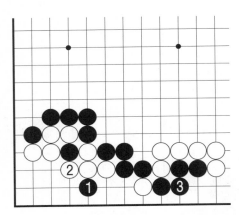

그림2 (변화1)

흑❶ 때 백②로 따낸다면 흑❸으로 보강해서 그만이다. 미리 붙여둔 흑❶ 한 점이 크게 작용을 하고 있다.

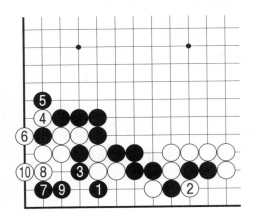

그림3 (변화2)

흑❶ 때 백②로 단수친다면 흑❸으로 단수쳐서 그만이다. 이후 백은 이하 ⑩까지 후수 삶이 불가피한 만큼 손해가 막심하다.

상용의 사석전법

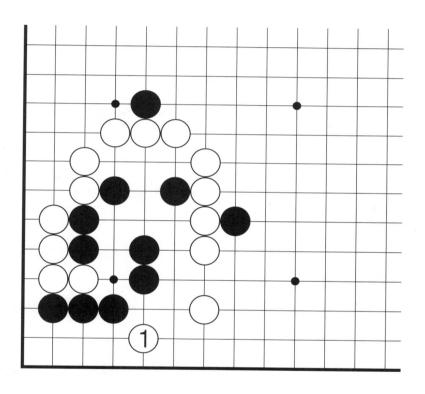

백①로 날일자해서 흑의 근거를 위협한 장면이다. 흑은 사석을 활용해서 삶을 확보하는 비상 수단을 강구해야 한다.

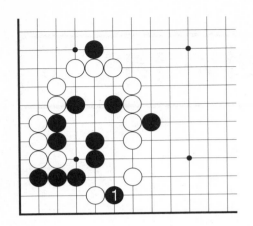

그림1 (정답)

흑❶로 건너 붙이는 것이 정답이다. 이 수 외엔 어떤 수도 삶에 도움이 되지 않는다.

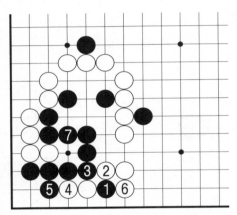

그림2 (계속)

흑❶로 붙이면 백은 ②로 끊는 한 수이다. 흑은 ❸·❺를 선수한 후 ❼로 보강해서 거뜬하게 살 수 있다.

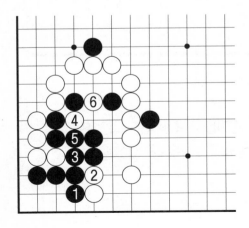

그림3 (실패)

단순히 흑❶로 막는 것은 무책임한 수이다. 백은 ②를 선수한 후 ④·⑥으로 파호하는 수단이 준비되어 있다. 흑 전체가 잡힌 모습이다.

움직이는 방법

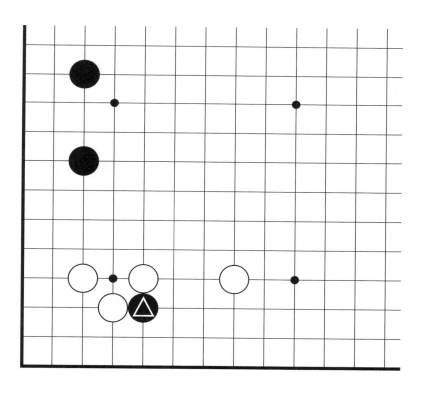

주변 흑이 강해져서 흑▲ 한 점을 움직이고 싶다. 돌이 무거워 지면 안 되므로 가볍게 행마하고 싶다.

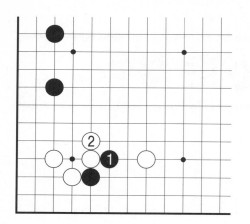

그림1 (정답)

흑❶로 젖히는 것이 좋은 행마법이다. 계속해서 백은 ②로 뻗는 정도이다. 이후의 변화는 다음 문제에서 다룬다.

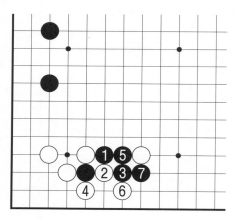

그림2 (변화)

흑❶로 젖혔을 때 백②로 단수친다면 흑❸을 선수한 후 ❺에 이어서 충분하다. 백⑥, 흑❼까지 흑의 성공.

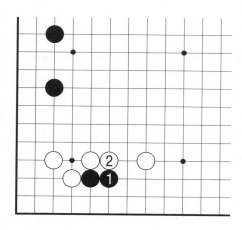

그림3 (실패)

흑❶로 움직이는 것은 너무 무겁다. 백②로 막히고 나면 흑의 고전이 예상된다.

수습 방법

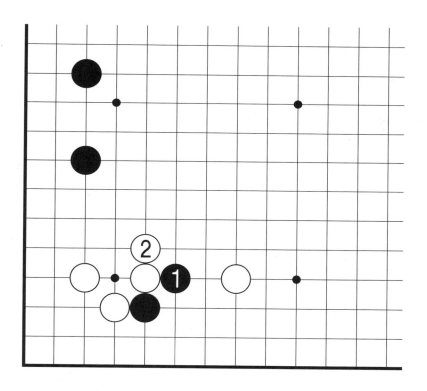

흑❶로 젖히자 백이 ②로 뻗은 장면이다. 계속해서 흑은 어떤 방법으로 수습하는 것이 최선일까?

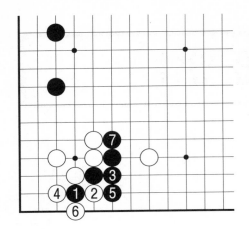

그림1 (정답)

흑❶로 젖히는 것이 정답이다. 백이 ②·④로 단수친다면 이하 흑❼까지 처리해서 대 만족이다.

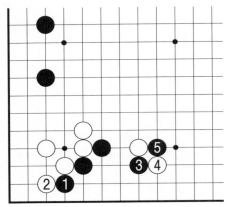

그림2 (변화)

흑❶에는 백②로 받는 것이 정수이다. 그러나 흑에겐 ❸으로 붙인 후 ❺에 끊는 수가 준비되어 있다. 흑은 사석으로 활용해서 부가적인 이득을 취하면 충분하다.

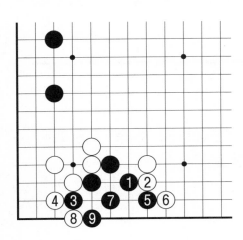

그림3 (실패)

흑❶로 호구친 후 이하 ❼까지 안에서 삶을 도모하는 것은 너무 무거운 발상이다. 흑❾까지 패가 되어서는 흑의 부담이 크다.

능률적인 응수

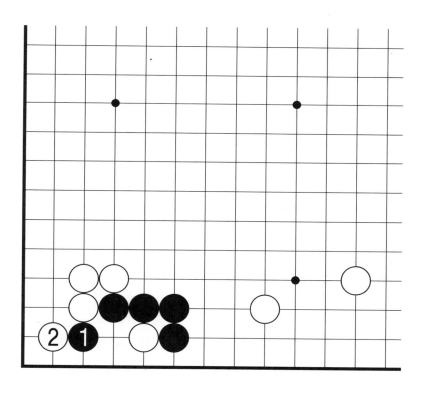

흑❶로 젖히자 백이 ②로 막은 장면이다. 계속해서 흑은 어떤
방법으로 응수하는 것이 가장 능률적인 행마법일까?

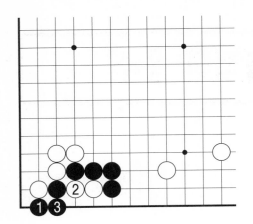

그림1 (정답)

흑❶로 젖히는 것이 정답이다. 계속해서 백②로 단수쳐도 흑은 ❸으로 잇는 수가 성립한다. 백은 자충이 되어 어느쪽으로도 단수가 불가능하다. 계속해서….

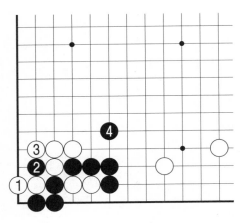

그림2 (계속)

앞 그림에 계속해서 백①로 뻗는다면 흑❷의 선수 활용이 긴요하다. 백③ 때 흑❹로 한 칸 뛰면 백의 공격권에서 벗어났다.

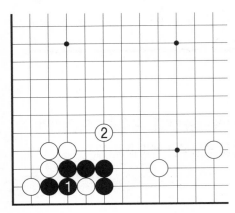

그림3 (실패)

단순히 흑❶로 잇는 것은 생각이 짧은 수이다. 백②로 씌우고 나면 흑 전체가 공격받는 모습이다.

귀의 특수성

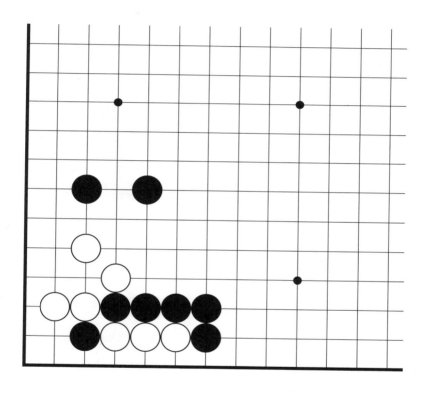

귀의 특수성을 활용해서 아래쪽 백 석 점을 공격하는 문제이다. 흑은 패를 만들 수 있으면 성공이다.

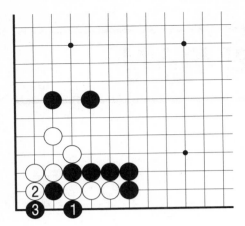

그림1 (정답)

흑❶로 젖히는 것이 좋은 수
이다. 백②로 단수친다면 흑
❸으로 받아서 패를 만들 수
있다. 자충을 활용한 기본 맥
이다.

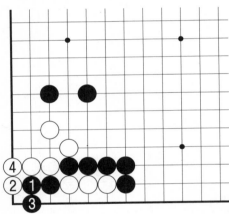

그림2 (실패1)

흑❶, 백②를 교환하는 것은
대 악수이다. 흑❸으로 꼬부려
도 백④로 잇고 나면 흑이 한
수 부족이다.

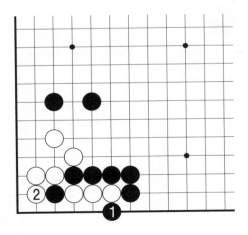

그림3 (실패2)

흑❶로 젖히는 것은 백②로
받게 해서 너무 무미건조하다.
귀의 특수성을 파악하지 못하
면 이렇게 둘 가능성이 높다.

수상전의 요령

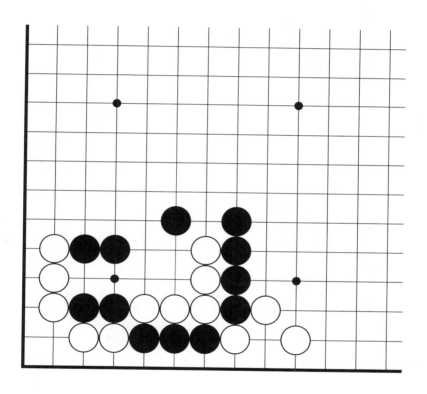

중앙 백을 잡기 위해선 네 수가 필요한 상황. 반면에 아래쪽
흑 석 점은 세 수의 여유밖에 없다. 결국 수를 늘이지 않고서
는 흑이 안 된다는 결론이다.

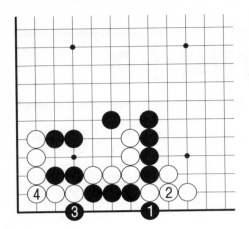

그림1 (정답)

흑❶ · ❸을 선수하는 것이 중요하다. 한 선에서 양쪽으로 젖힐 수 있다면 1수가 늘어난다. 계속해서….

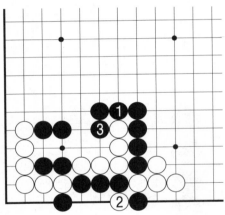

그림2 (계속)

앞 그림에 계속해서 흑이 ❶로 막으면 수상전은 흑승이다. 이후 백②로 먹여쳐도 응수하지 않고 흑❸으로 손을 돌리는 것이 중요하다.

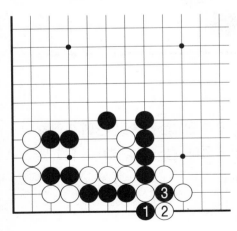

그림3 (변화)

흑❶로 단수쳤을 때 백②로 받은 것은 비상 수단이다. 흑❸으로 따내면 패가 되는데, 백도 부담이 크다.

자충을 활용

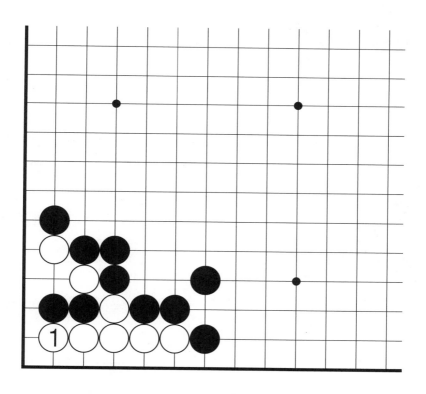

백①로 막은 장면이다. 계속해서 흑이 백 한 점을 따내는 정도
로는 문제가 성립하지 않는다. 흑은 자충을 활용해서 백 전체
를 잡는 방법을 연구해야 한다.

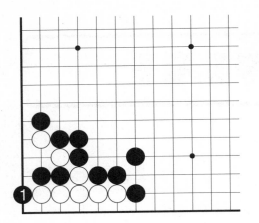

그림1 (정답)

흑❶로 젖히는 것이 정답이다. 흑❶은 귀의 특수성 때문에 가능한 수단이다. 흑은 백의 자충을 유도하고 있다.

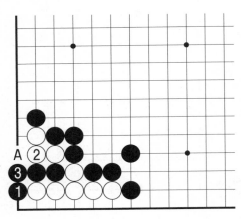

그림2 (계속)

앞 그림에 계속해서 흑❶에 백②로 단수쳐도 흑은 ❸으로 이어서 그만이다. 이후 백은 자충 관계상 A에 단수칠 수가 없다.

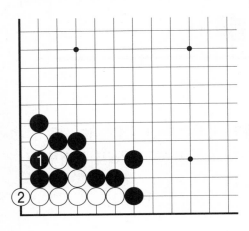

그림3 (실패)

단순히 흑❶로 두어 백 한 점을 따내는 것에 만족해서는 안 된다. 백②로 내려서면 손쉽게 백을 살려주게 된다.

삶의 급소

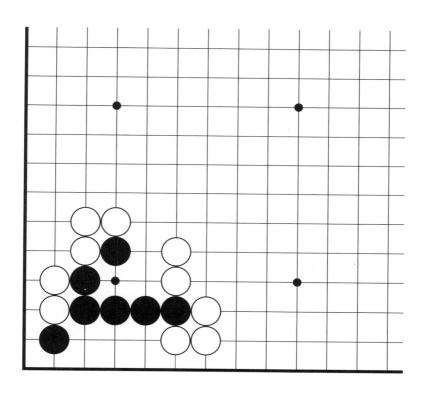

평범한 방법으로는 죽음을 면할 수 없다. 귀의 특수성을 활용한 비상 수단을 강구해야 한다. 패가 되면 성공이다.

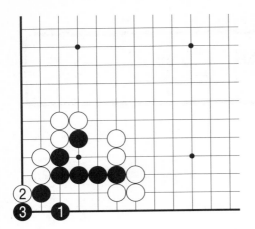

그림1 (정답)

흑❶로 호구치는 것이 유일한 삶의 급소이다. 백②로 젖힌다면 흑❸으로 집어넣어서 패를 만든다.

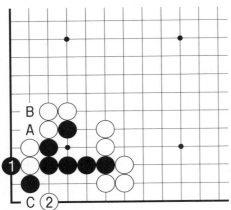

그림2 (실패1)

흑❶로 젖히는 것은 백②의 반격이 기다리고 있다. 이후 흑A로 단수쳐도 백B를 선수한 후 백C에 두면 흑이 잡힌다.

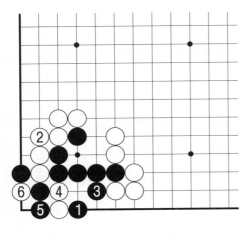

그림3 (실패2)

흑❶로 두는 수 역시 실패이다. 백은 ②로 잇는 것이 침착하다. 계속해서 흑❸에는 백④로 파호해서 그만이다.

현명한 선택

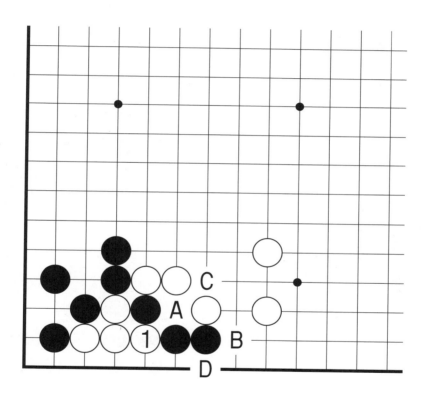

　백①로 단수친 장면이다. 계속해서 흑A로 잇는 것은 백B로
막은 후 흑C, 백D로 돌려치는 수가 있어서 흑이 안 된다.

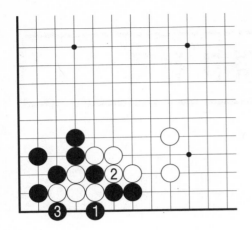

그림1 (정답)

흑❶로 젖히는 것이 현명한 선택이다. 백②로 따내는 정도일 때 흑❸으로 젖히면 무사히 연결할 수 있다.

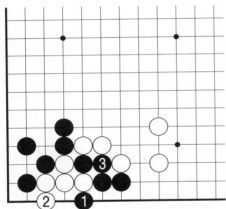

그림2 (변화)

흑❶ 때 백②로 내려서는 것은 무리한 욕심이다. 흑❸으로 잇고 나면 도리어 잡히고 만다.

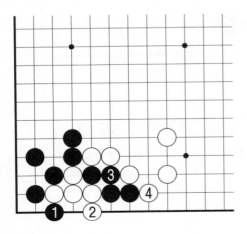

그림3 (실패)

흑❶로 젖히는 것은 백②로 내려서는 강수가 성립한다. 흑❸으로 이어도 백④로 젖히면 그만이다.

끝내기 요령

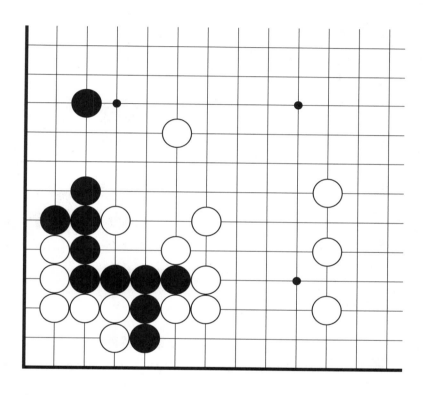

흑은 하변 백집을 침식하고 싶다. 귀의 사활을 이용해서 효
과적으로 끝내기를 하는 문제이다.

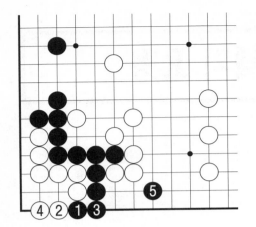

그림1 (정답)

흑❶ · ❸으로 젖혀 잇는 것이 기분 좋은 선수 활용이다. 백④로 보강할 수밖에 없을 때 흑❺로 침입하면 백집을 많이 침식할 수 있다.

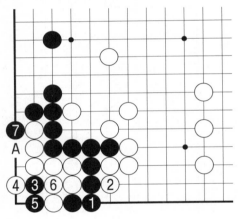

그림2 (변화)

흑❶ 때 백②로 막고 버티는 것은 무리수이다. 흑에겐 ❸으로 치중하는 수가 준비되어 있다. 백④에는 흑❺ · ❼이 수순으로 백은 자충이 되어 A에 둘 수가 없다.

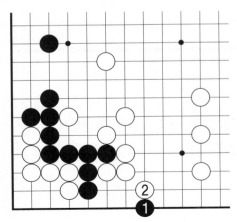

그림3 (실패)

흑❶로 눈목자해서 끝내기하는 것은 평범한 수단에 지나지 않는다. 정답과는 상당한 차이이다.

사활의 급소

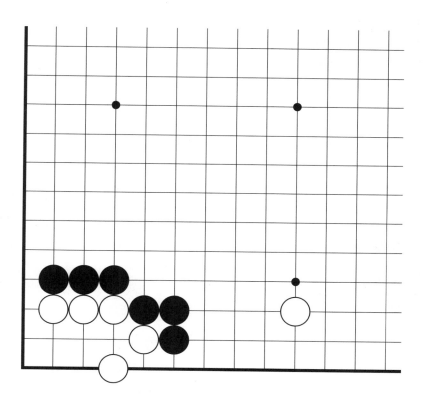

🌙 귀의 백은 아직 완생이 아니다. 흑으로선 수순이 정확해야
한다. 백도 최강으로 맞서는 수가 있어서 결국은 패가 된
다.

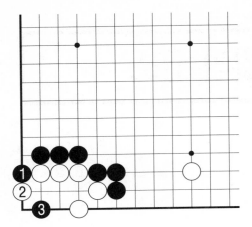

그림1 (정답)

흑❶로 젖히는 것이 정답이다. 계속해서 백②로 막는다면 흑❸으로 치중하는 것이 예정된 수순이다. 계속해서….

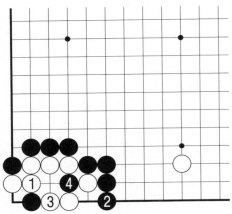

그림2 (계속)

앞 그림에 계속해서 백①로 잇는 것은 흑❷로 내려서는 수에 의해 백이 모두 잡히고 만다. 백③으로 단수쳐도 흑❹로 먹여치면 그만이다.

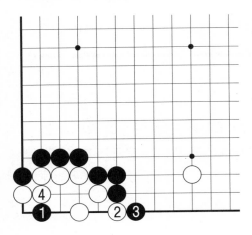

그림3 (변화)

흑❶로 치중했을 때 백은 ②로 젖히는 것이 최강의 저항 수단이다. 계속해서 흑❸으로 막고 백④로 이어서 패가 된다.

삶의 수순

31

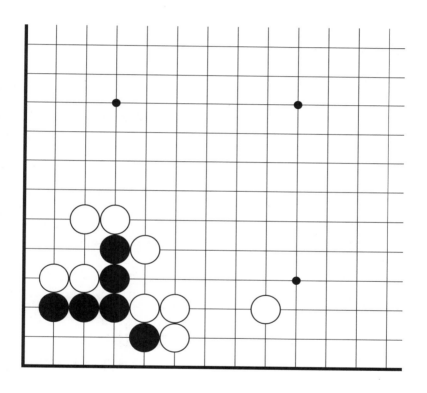

귀의 흑을 살리는 문제이다. 패를 만들지 않고 무조건 살릴
수 있어야 한다. 흑은 수순이 중요하다.

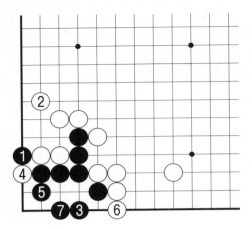

그림1 (정답)

흑❶로 젖히는 것이 정답이다.
백②로 보강하는 정도일 때 흑
❸으로 호구치면 손쉽게 살 수
있다. 이하 흑❼까지 삶이다.

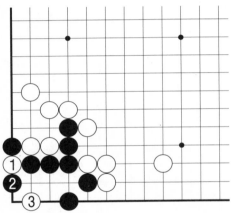

그림2 (실패1)

백①로 먹여쳤을 때 흑이 **앞
그림**의 수순을 따르지 않고 ❷
로 따내는 것은 대 악수이다.
백③으로 치중하는 순간 전체
가 잡히고 만다.

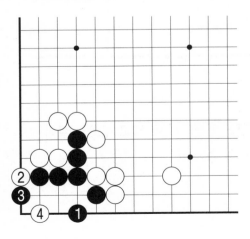

그림3 (실패2)

단순히 흑❶로 호구치는 수 역
시 의문이다. 백은 ②로 젖힌
후 ④에 치중해서 흑을 잡을
수 있다.

반격에 유의

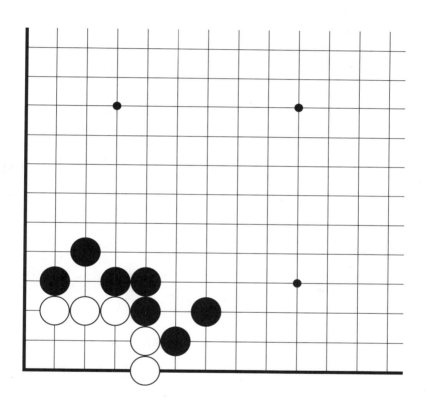

어떻게 두어도 된다고 생각해서는 안 된다. 정확한 수순으로 패를 만들 수 있어야 한다.

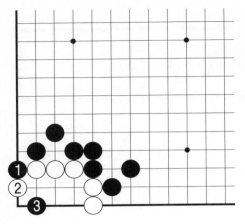

그림1 (정답)

흑❶로 젖히는 것이 정답이다. 계속해서 백②로 막을 때 흑❸으로 치중하는 것이 정확한 수순이다. 계속해서….

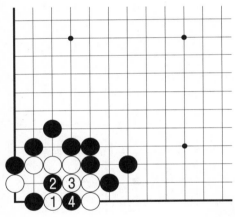

그림2 (계속)

앞 그림에 계속해서 백은 ①로 붙여서 버티는 정도인데, 흑❷로 단수쳐서 패를 유도할 수 있다.

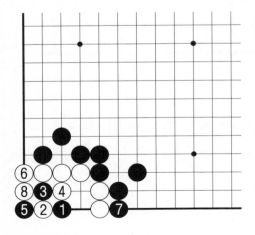

그림3 (실패)

곧장 흑❶로 치중해도 패가 된다고 속단해서는 안 된다. 백은 ②로 붙인 후 ④ · ⑥으로 반격하는 수를 준비하고 있다. 백⑧까지 거뜬한 삶이다.

주변 돌을 활용

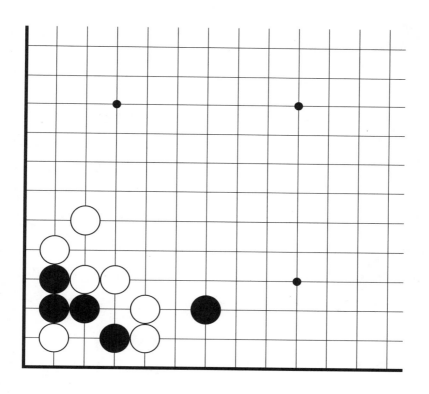

흑은 자체로는 살 수 없는 궁도이다. 그러나 변의 흑 한 점을
활용하면 삶의 형태를 갖출 수 있다.

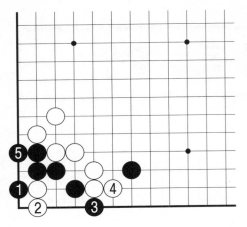

그림1 (정답)

흑❶로 젖히는 것이 정답이다. 계속해서 백②에는 흑❸으로 젖히는 것이 중요하다. 백④를 기다려 흑❺로 내려서면 삶이 가능한 모습.

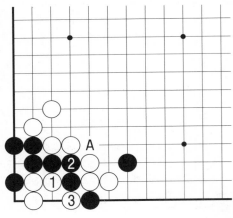

그림2 (계속)

앞 그림에 계속해서 백이 ①로 치받은 후 ③으로 집어넣으면 패가 된다. 그러나 백은 패에서 질 경우 A의 단점이 부담으로 남는 만큼 부담이 크다.

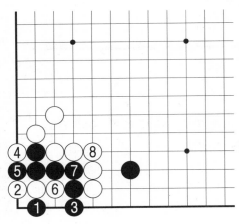

그림3 (실패)

흑❶로 붙이는 것은 의문수이다. 백은 ②로 내려선 후 흑❸ 때 백④ · ⑥으로 공략하는 것이 좋은 수순이다. 이하 백⑧까지 흑 죽음.

자충의 맥

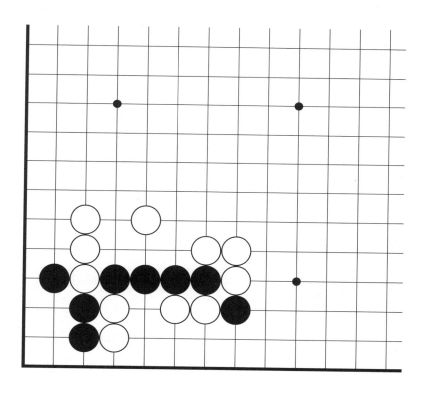

상대의 자충을 이용해서 중앙 흑 넉 점을 살리는 문제이다.
자충으로 유도하는 수순이 중요하다.

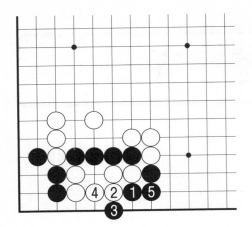

그림1 (정답)

흑❶로 젖히는 것이 중요하다. 백②에는 흑❸이 또한 긴요한 수. 백④에는 흑❺로 이어서 흑승이다.

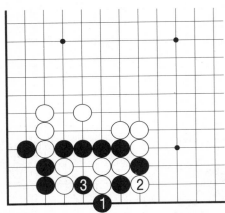

그림2 (변화)

흑❶ 때 백②로 단수친다면 흑❸으로 단수쳐서 문제를 해결한다. 백은 자충이 되어 이을 수 없는 모습이다.

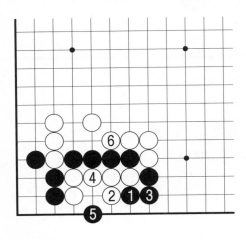

그림3 (실패)

흑❶, 백② 때 흑❸으로 잇는 것은 의문이다. 백④ · ⑥으로 수를 조이면 수상전은 백승이다.

엷음을 추궁

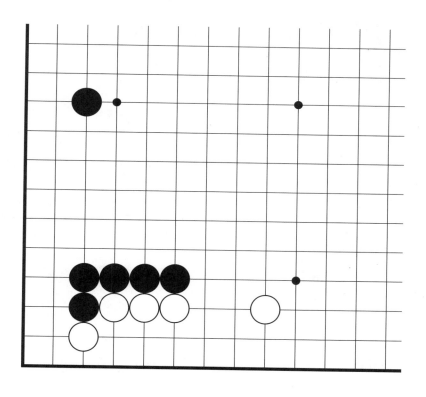

◖ 백은 엷은 형태를 취하고 있다. 흑은 백의 엷음을 추궁해서
이득을 취하고 싶다.

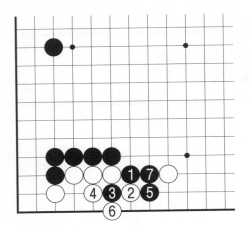

그림1 (정답)

흑❶로 젖힌 후 백②때 흑❸으로 끊는 것이 재미있는 수단이다. 백④로 단수친다면 흑❺·❼로 응수해서 변을 돌파할 수 있다.

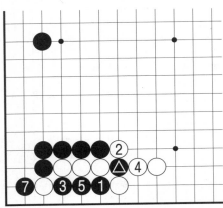

그림2 (변화)

흑❶때 백②로 단수친다면 흑❸·❺로 돌려치는 수단이 준비되어 있다. 백④때 흑❺·❼로 단수치면 상당한 실리를 취할 수 있다.

(백⑥…흑▲)

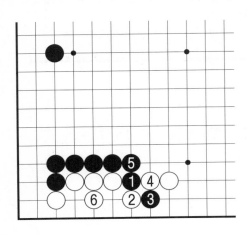

그림3 (실패)

흑❶, 백②때 흑❸으로 이단 젖히는 것은 이 경우 의문수이다. 백④로 단수친 후 ⑥으로 보강하면 흑으로선 한 것이 없다.

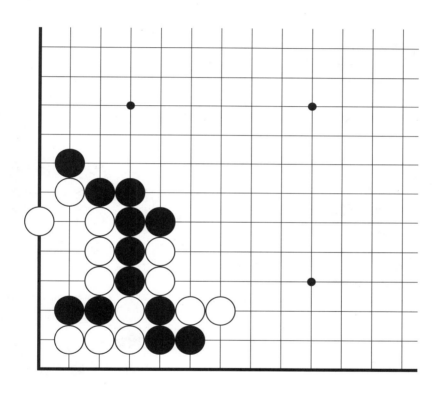

백 모양의 약점을 찔러 형태를 정비하는 문제이다. 이 형태
는 축 관계가 긴밀하게 작용한다.

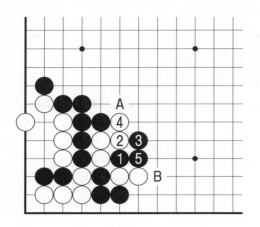

그림1 (정답1)

축이 유리할 경우 흑❶로 끊는 것이 좋다. 백②에는 흑❸으로 돌려치는 것이 중요하다. 백④로 나간다면 흑❺로 나간 후 A의 축과 B의 단수를 노린다.

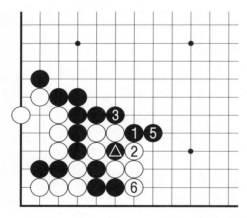

그림2 (변화)

흑❶ 때 백은 축이 불리하다면 ②로 따내는 정도이다. 계속해서 흑❸으로 단수치고 백④ 때 흑❺로 뻗으면 선수로 튼튼한 형태를 구축할 수 있다. (백④…흑▲)

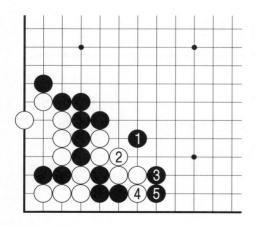

그림3 (정답2)

축이 불리하다면 ❶로 들여다보는 것이 좋다. 백②로 이을 수밖에 없을 때 흑❸이 연이은 맥점. 백④ 때 흑❺로 막으면 백을 봉쇄할 수 있다.

절묘한 추궁

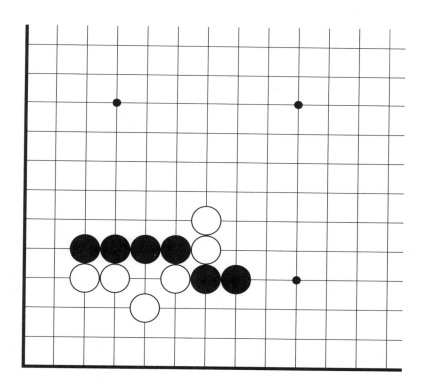

흑은 좌우로 나뉘어 상당히 약한 형태이다. 귀의 약점을 추궁해서 위기를 모면한다.

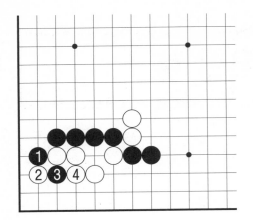

그림1 (정답)

흑❶로 젖히는 것이 재미있는 수단이다. 계속해서 백②로 막는다면 흑❸으로 끊는 수가 준비되어 있다. 백이 양단수를 피해 ④로 단수친다면….

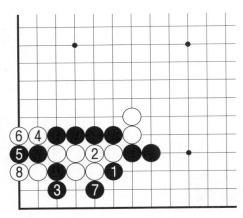

그림2 (계속)

앞 그림에 계속해서 흑은 ❶로 단수친 후 ❸으로 뻗는 것이 통렬한 수순이다. 이후 백④로 단수쳐도 이하 백⑧까지 수를 조인 후….

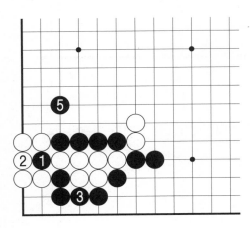

그림3 (백, 죽음)

앞 그림에 계속해서 흑❶로 먹여친 후 이하 흑❺까지 공략하면 백 전체가 잡힌 모습이다. (백④…흑❶)

사석의 맥

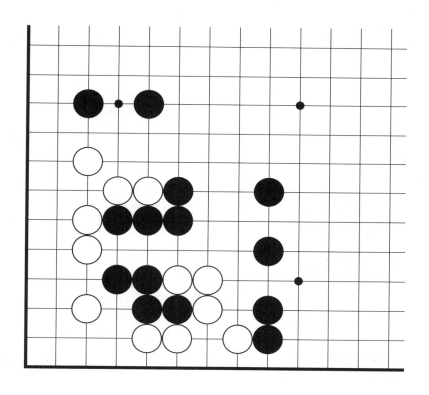

단순한 방법으로는 백을 차단할 수 없다. 절묘한 사석의 맥을 활용해서 큰 소득을 거둔다. 백의 반격에 유의한다.

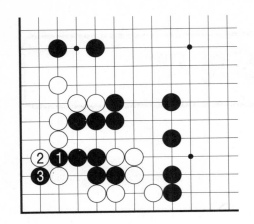

그림1 (정답)

흑❶로 찌른 후 백② 때 흑
❸으로 끊는 것이 좋은 수순
이다. 흑은 백에게 여유를 주
지 않는 것이 중요하다. 계속
해서….

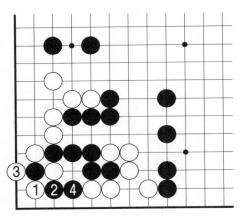

그림2 (계속)

앞 그림에 계속해서 백은 ①
로 단수칠 수밖에 없는데, 흑
❷·❹로 공격하면 오른쪽 백
대마를 손쉽게 고립시킬 수
있다.

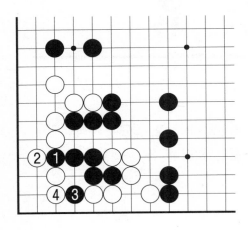

그림3 (실패)

흑❶로 찌른 후 백② 때 흑❸
으로 젖혀도 된다고 생각해서
는 안 된다. 백에겐 ④로 버티
는 수단이 준비되어 있는 것이
다. 당연한 흑의 실패.

좌우를 차단

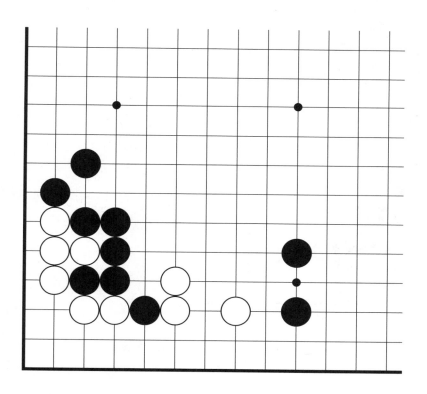

앞 문제와 마찬가지로 백을 차단해서 이득을 취하는 문제이
다. 앞 문제를 응용한다는 마음가짐으로 접해야 한다.

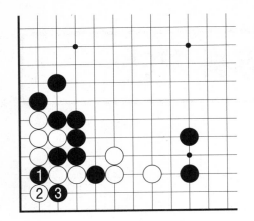

그림1 (정답)

흑❶로 끊는 것이 맥점이다.
백②로 단수친다면 흑❸으로
맞끊는 것이 준비된 차단의 맥
점이다. 계속해서….

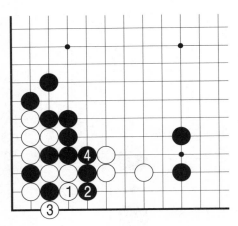

그림2 (계속)

앞 그림에 계속해서 백①로 단
수친다면 흑❷를 선수한 후
❹에 이어서 손쉽게 백을 차단
할 수 있다.

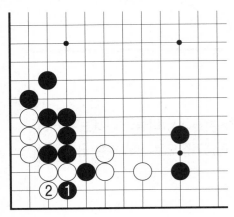

그림3 (실패)

단순히 흑❶로 젖히는 것은 생
각이 짧은 수이다. 백②로 막
고 나면 더 이상 아무런 수단
의 여지가 없다.

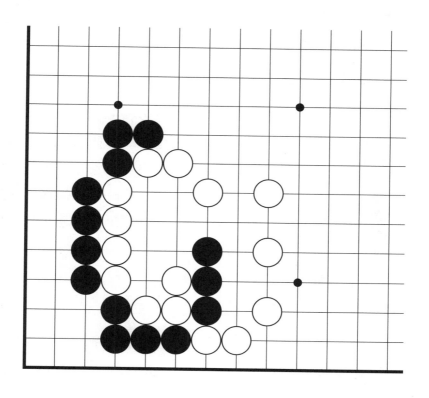

한눈에 봐도 백 모양에 수가 있음을 직감할 수 있다. 그러나
수순이 정확하지 않으면 모든 수고가 수포로 돌아간다.

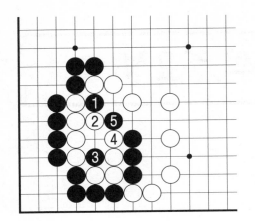

그림1 (정답)

흑❶로 끊는 것이 중요한 수순
이다. 백②로 단수칠 때 비로
소 흑❸으로 먹여치는 것이 정
확한 수순. 백④에는 흑❺로
단수쳐서 상황을 종료시킨다.

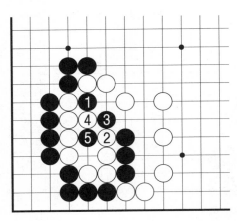

그림2 (변화)

흑❶ 때 백②로 변화를 모색
한다면 흑❸으로 막아서 그만
이다. 백④로 단수쳐도 흑❺
로 먹여치면 **앞 그림**과 동일한
결과이다.

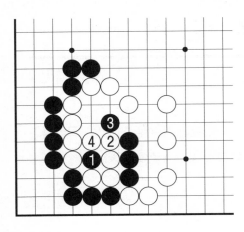

그림3 (실패)

흑❶의 먹여침을 서두르는 것
은 수순 착오이다. 흑❸으로
단수쳐도 백④로 따내고 나면
더 이상 수단의 여지가 없다.

기민한 선수

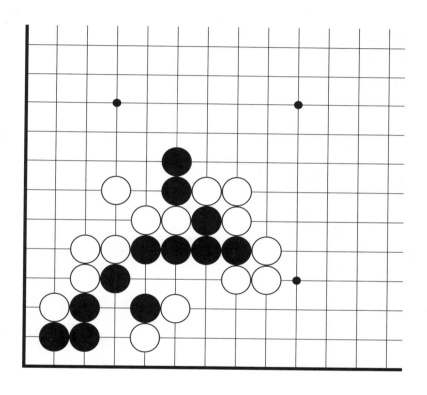

중앙 흑 다섯 점이 몰아떨구기의 형태로 잡힐 위기에 처했
다. 중앙 흑돌이 잡히는 것을 선수로 예방해야 한다.

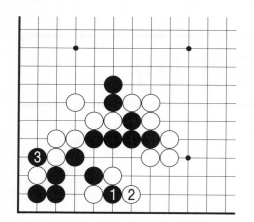

그림1 (정답)

흑❶로 끊는 것이 기민한 선수 활용이다. 백②로 잡을 수밖에 없는데, 선수로 몰아떨구기를 예방했다.

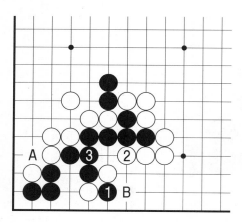

그림2 (변화)

흑❶ 때 백②로 둔다면 흑❸으로 이어서 그만이다. 이후 흑은 A와 B를 맞보기로 해서 간단히 살 수 있다.

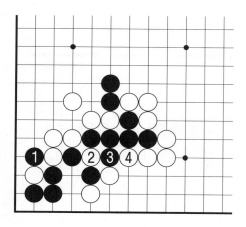

그림3 (실패)

단순히 흑❶로 단수쳐서 삶에 연연하는 것은 백②·④의 수단이 준비되어 있다. 이른바 몰아떨구기이다.

형태를 정비

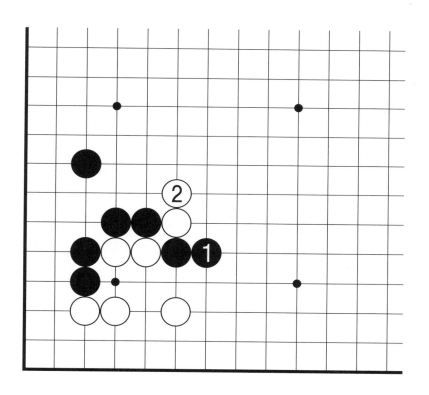

흑❶로 뻗자 백도 ②로 뻗은 장면이다. 흑은 백의 약점을 활용해서 형태를 정비하고 싶은데 어떻게 두어야 할까?

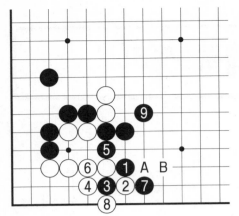

그림1 (정답)

흑❶로 붙인 후 백②때 흑❸
이 중요한 수이다. 백은 ④·
⑥으로 잡을 수밖에 없는데,
이하 흑❾까지 처리해서 대 만
족이다. 이후 백A는 흑B로 그
만이다.

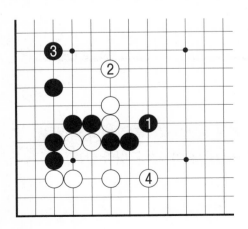

그림2 (실패1)

흑❶, 백②때 흑❸으로 치받
는 것은 좋지 않다. 이후 흑은
❺로 한 칸 뛴 후 이하 ❾까지
수습하는 정도인데, 정답과는
큰 차이이다.

그림3 (실패2)

단순히 흑❶로 입구자하는 수
역시 좋지 않다. 백②·④로
정비하고 나면 흑은 한 것이
별로 없다.

활용의 맥

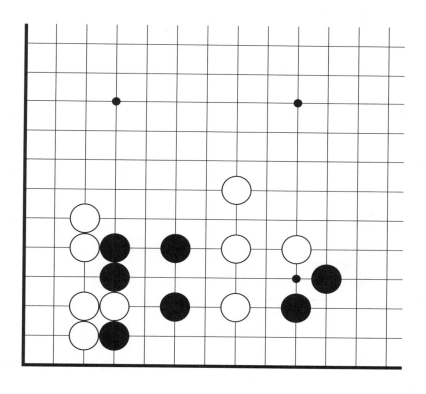

왼쪽의 흑돌들이 공격받고 있는 모습이다. 흑은 백의 약점을
교묘히 활용해서 수습해야 한다.

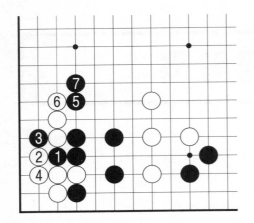

그림1 (정답)

흑❶·❸으로 나가 끊어서 백의 응수를 묻는 것이 좋은 수습법이다. 백②로 잇는다면 흑❺로 어깨짚어 손쉽게 탈출할 수 있다.

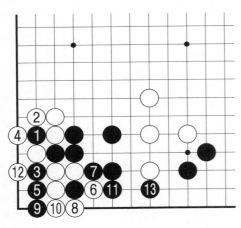

그림2 (변화)

흑❶ 때 백②로 단수친다면 흑❸·❺로 키워 죽이는 것이 좋은 사석전법이다. 이하 흑⓭까지 무사히 연결이 가능한 모습이다.

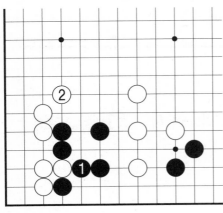

그림3 (실패)

단순히 흑❶로 치받아도 삶에는 지장이 없다. 그러나 백②로 응수하고 나면 흑이 답답하다.

능률적인 추궁

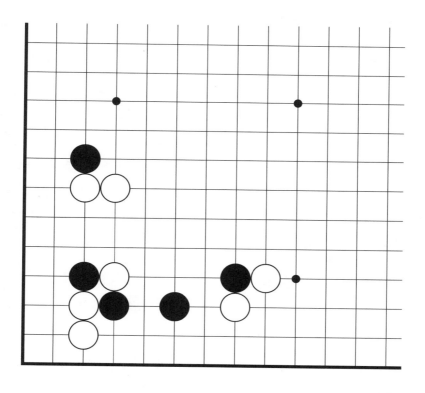

백의 약점을 가장 능률적인 수순으로 추궁해야 한다. 수순이
특히 중요한 문제이다.

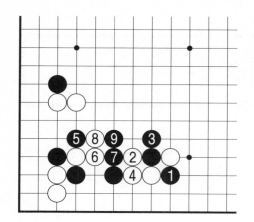

그림1 (정답)

흑❶로 끊는 것이 출발점이다. 백이 ②로 단수친 후 ④에 잇는다면 흑❺의 단수가 또한 중요하다. 이하 흑❾까지 돌파해서는 흑의 대 성공.

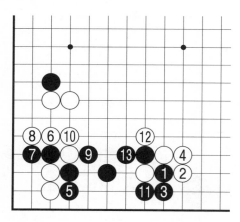

그림2 (변화)

흑❶로 끊으면 백은 ②로 단수친 후 ④에 잇는 정도이다. 계속해서 흑은 ❺로 막은 후 이하 ⑬까지 수습해서 충분한 모습이다.

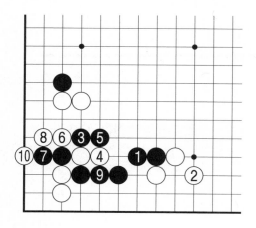

그림3 (실패)

흑❶로 뻗는 것은 생각이 짧은 수이다. 백은 ②로 호구쳐서 보강하는 것이 좋은 수. 흑❸ 이하의 공격엔 백⑩까지 연결을 취해서 흑을 미생마로 만들 수 있다.

탈출의 수순

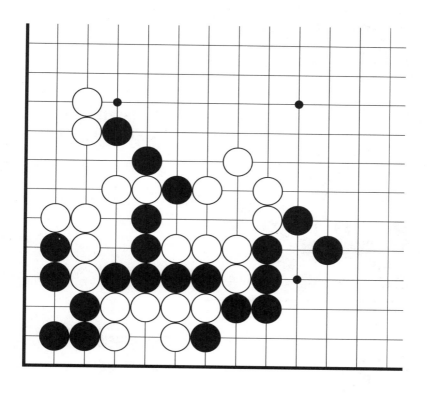

중앙 흑 대마가 잡힐 위기에 처했다. 흑은 절묘한 수단을 발
휘해서 탈출해야 한다. 첫 수가 관건이다.

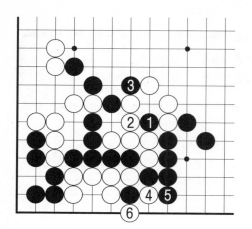

그림1 (정답)

흑❶로 끊는 것이 묘미 있는 맥점이다. 계속해서 백②로 단수친다면 흑❸으로 호구쳐서 탈출이 가능한 모습이다. 백은 ④ · ⑥까지 후수로 살아야 하는 처지이다.

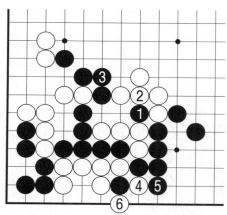

그림2 (변화)

흑❶ 때 백②로 단수친다면 흑❸으로 이어서 그만이다. 백은 자충 관계상 끊을 수 없는 모습.

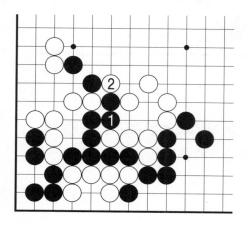

그림3 (실패)

평범하게 흑❶로 잇는 것은 백②의 절단이 기다리고 있다. 당연한 흑 죽음.

끝내기 맥

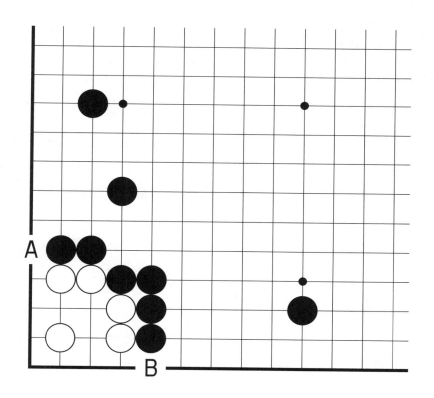

A

B

백에게 A와 B의 선수 끝내기를 모두 허용할 수는 없다. 정
확한 끝내기의 맥은 무엇일까?

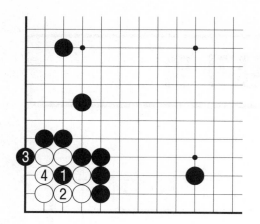

그림1 (정답)

흑❶로 끊는 것이 절묘한 선수
활용이다. 백②로 단수친다면
흑❸이 기분 좋은 선수 끝내기
가 된다.

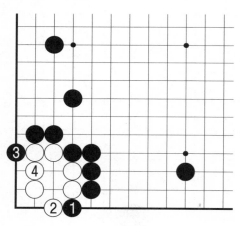

그림2 (실패1)

흑❶로 젖히는 것은 의문수이
다. 흑❸이 선수가 되긴 하지
만 흑❶, 백②의 교환이 악수
가 되고 있다.

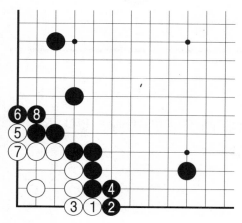

그림3 (실패2)

흑이 손을 떼면 백은 ①로 젖
힌 후 이하 흑❽까지 양쪽을
모두 선수로 처리할 것이다.

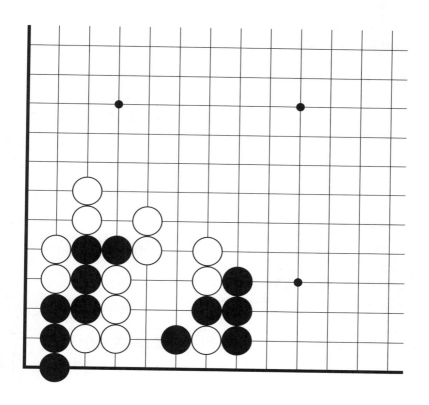

🌙 귀의 흑돌이 위기에 처한 모습이다. 흑은 어떻게든 백의 약
점을 찔러서 연결을 도모해야 한다.

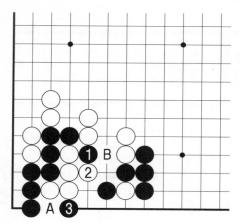

그림1 (정답)

흑❶로 끊는 것이 정답이다. 백②로 단수친다면 흑❸으로 붙이는 것이 절묘한 맥점. 이후 백A에는 흑B가 성립한다.

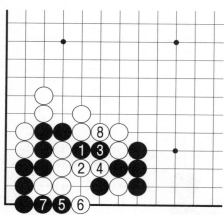

그림2 (실패1)

흑❶, 백② 때 흑❸, 백④를 결정짓는 것은 대 악수이다. 뒤늦게 흑❺로 붙여도 이하 백⑧까지의 진행이면 연결이 불가능하다.

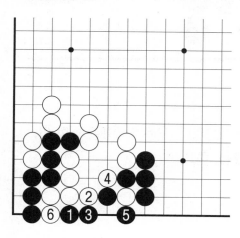

그림3 (실패2)

흑❶을 먼저 결행하는 수 역시 좋지 않다. 백은 ②·④로 물러선 후 ⑥으로 차단해서 대만족이다.

자충을 활용

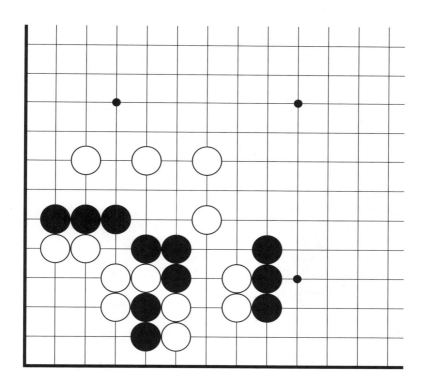

왼쪽 흑 대마가 위기에 처한 장면이다. 상대의 자충을 교묘
하게 활용하면 좌우 연결이 가능하다.

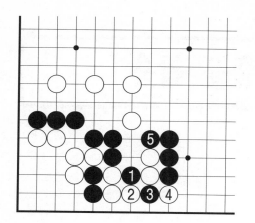

그림1 (정답)

흑❶로 찌른 후 백② 때 흑❸으로 끊는 것이 절묘한 맥점이다. 백④에는 흑❺로 단수쳐서 연결이 가능한 모습.

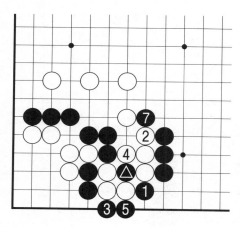

그림2 (변화)

흑❶ 때 백이 **앞 그림**의 진행을 피해 ②로 두는 것은 무리수이다. 흑은 ❸·❺로 돌려친 후 이하 ❼까지 공략해서 백을 잡고 살 수 있다.
(백⑥···흑△)

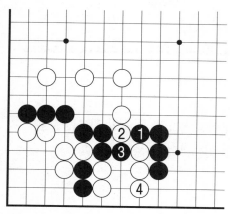

그림3 (실패)

단순히 흑❶·❸으로 절단하는 것은 좋지 않다. 백②로 끊은 후 ④에 뻗으면 아무런 수도 없다.

귀삼수의 맥

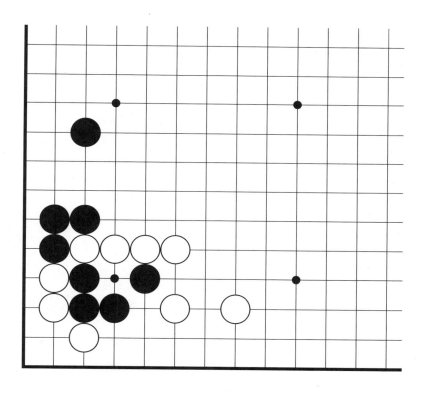

　귀의 특수성을 이용한 유명한 귀삼수의 맥이다. 첫 수는 끊
는 것에서부터.

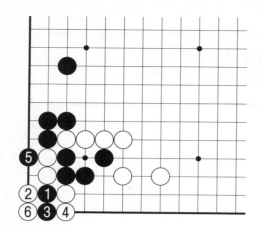

그림1 (정답)

흑❶로 끊는 것이 출발점이다. 계속해서 백②의 단수에는 흑❸으로 키워 죽이는 것이 또한 중요하다. 백⑥ 이후….

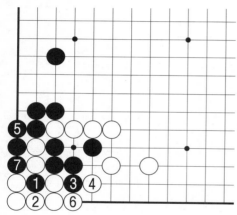

그림2 (계속)

앞 그림에 계속해서 흑❶로 먹여친 후 이하 ❼까지 공격하면 백은 자충이 되어 두 점을 이을 수 없다.

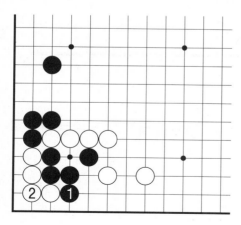

그림3 (실패)

단순히 흑❶로 막는 것은 백②로 이어서 아무런 수도 성립하지 않는다. 수상전은 백승.

요석을 포획

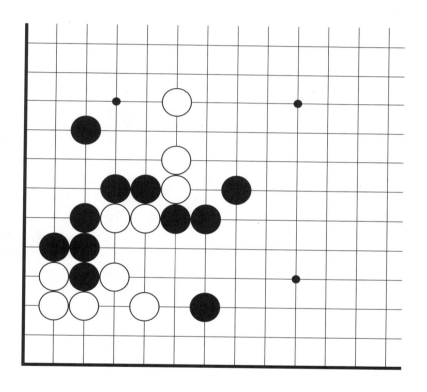

흑은 절묘한 수순으로 요석인 백 두 점을 잡을 수 있다. 수순
이 중요하다.

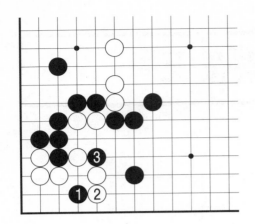

그림1 (정답)

흑❶로 치중하는 것이 맥점이다. 백②로 막을 수밖에 없을 때 흑❸으로 급소를 찌르면 백두 점을 잡을 수 있다.

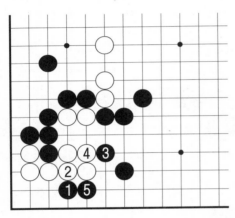

그림2 (변화)

흑❶ 때 백②로 잇는 변화이다. 흑은 ❸을 선수한 후 ❺에 연결해서 백 전체를 잡을 수 있다.

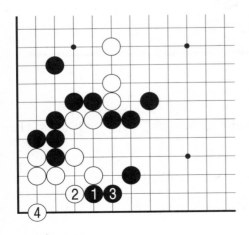

그림3 (실패)

흑❶로 붙이는 수도 일종의 맥점이다. 그러나 백④로 살고 나면 끝내기를 한 것에 불과한 모습이다.

절단의 수

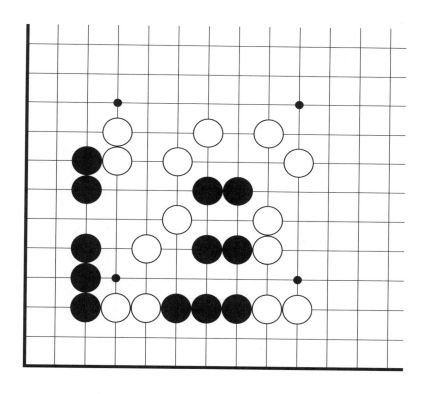

백을 절단해서 이득을 취하는 문제이다. 수순을 그르치면 패가 되므로 주의해야 한다.

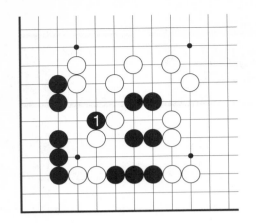

그림1 (정답)

흑❶로 껴붙이는 것이 정답이
다. 이 수만 발견하면 이후는
일사천리이다. 계속해서….

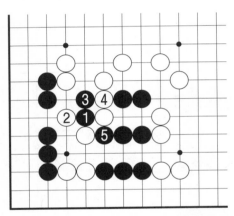

그림2 (계속)

앞 그림에 계속해서 백②로 단
수친다면 흑❸으로 나간 후
흑❺에 끊어서 그만이다.

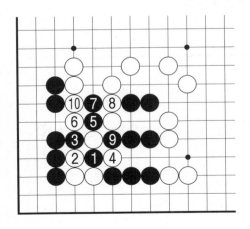

그림3 (실패)

흑❶로 끼워도 간단히 수가 된
다고 속단해서는 안 된다. 이
하 백⑩까지 패를 만드는 것이
고작이다.

사소한 약점

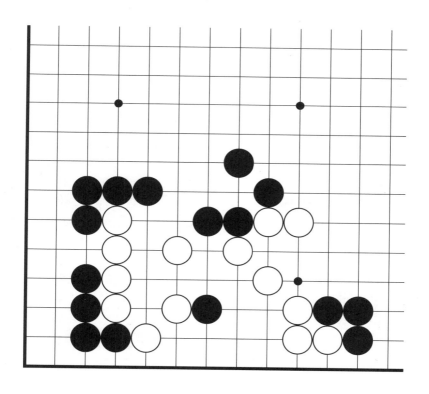

완전한 백집으로 인정해서는 안 된다. 사소한 약점이라도 끈
질기게 추궁하면 의외의 성과를 거둘 수 있다.

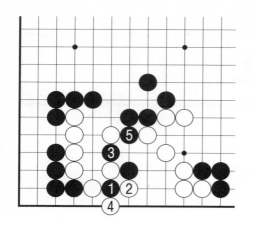

그림1 (정답)

흑❶로 젖혀서 백②로 단수치게 하는 것이 정답이다. 계속해서 흑❸을 선수한 후 ❺에 연결하면 상당한 전과를 거둔 모습이다.

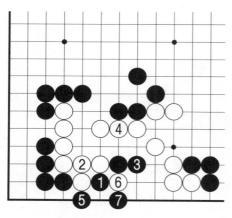

그림2 (변화)

흑❶ 때 백②로 잇는 것이 백으로선 최강의 저항이다. 그러나 흑은 ❸으로 뻗은 후 이하 ❼까지 패로 버티는 수가 준비되어 있다. 흑은 부담이 없는 패이다.

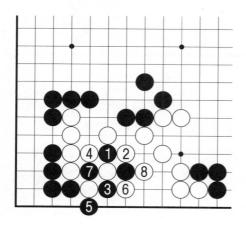

그림3 (실패)

흑❶을 먼저 결정짓는 것은 의문이다. 백은 ②로 단수친 후 이하 ⑧까지 처리해서 충분한 모습이다.

상용의 맥

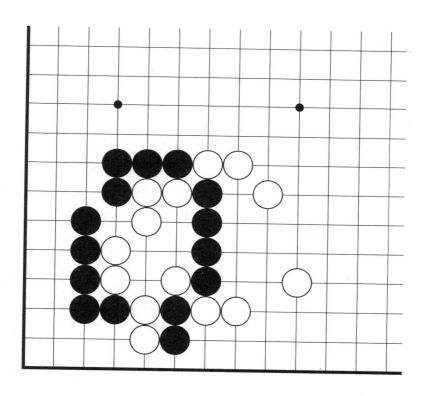

첫눈에 백 모양에 이상이 있음을 발견할 수 있다면 상당한 실력의 소유자임에 틀림없다. 자충을 활용한 상용의 맥점이 있다.

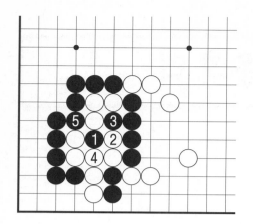

그림1 (정답)

흑❶이 맥점이다. 백②에는 흑❸ · ❺로 단수쳐서 백을 자충으로 유도한다. 이후 백은 석 점을 이을 수 없는 모습.

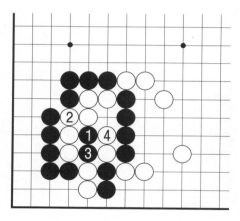

그림2 (변화)

흑❶ 때 백②로 잇는 것은 무리수이다. 흑에겐 ❸으로 먹여치는 통렬한 수가 준비되어 있다. 계속해서….

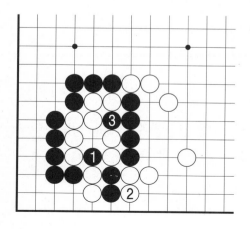

그림3 (계속)

앞 그림에 계속해서 흑❶로 먹여치면 백은 ②로 단수쳐야 하는데, 흑❸으로 공격해서 그만이다. 백은 환격이 되었다.

연결 수순

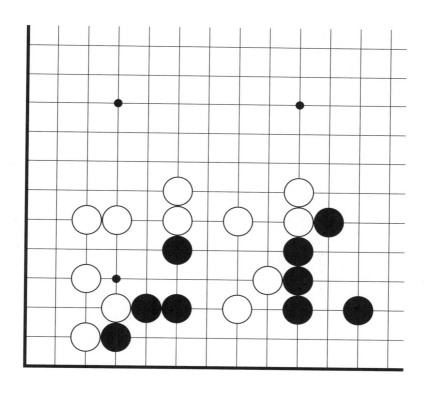

실전에 흔히 등장하는 기본 맥점 중 하나이다. 좌우 흑을 연
결시키는 상용의 맥점은 무엇일까?

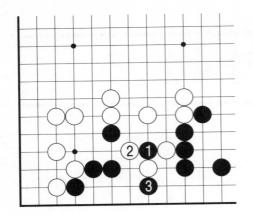

그림1 (정답)

흑❶로 꺼붙이는 것이 맥점이다. 계속해서 백②로 단수친다면 흑❸으로 붙여서 손쉽게 연결이 가능하다.

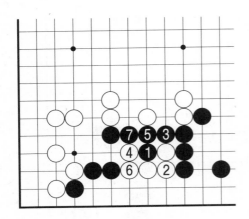

그림2 (변화)

흑❶ 때 백②로 변화를 모색하는 것은 무리수이다. 흑❸으로 이은 후 이하 흑❼까지의 진행이면 백이 잔뜩 보태준 꼴이다.

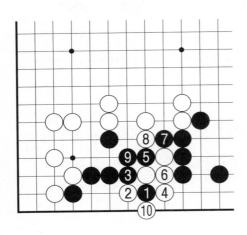

그림3 (실패)

단순히 흑❶로 붙여도 연결이 가능하다고 생각해선 안 된다. 이하 백⑩까지의 진행이면 흑이 잡히고 만다.

여유가 없는 흑

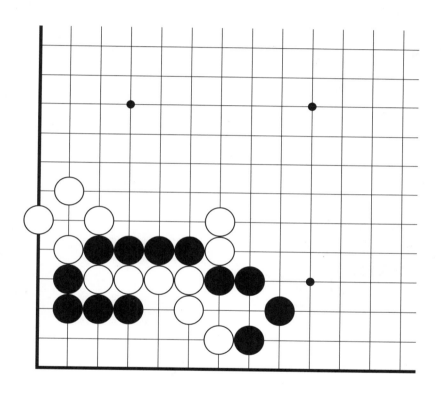

중앙 흑돌은 네 수의 여유밖에 없는 모습이다. 결국 한 수라
도 늦추어서는 흑이 잡히고 만다는 결론이다.

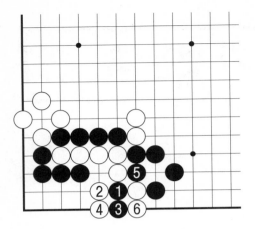

그림1 (정답)

흑❶로 집어넣어서 백에게 여유를 주지 않는 것이 중요하다. 계속해서 백②의 단수에는 흑❸으로 키워 죽이는 것이 요령이다. 이하 백⑥까지 진행시킨 후….

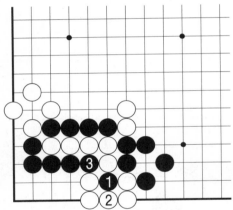

그림2 (계속)

앞 그림에 계속해서 흑❶로 먹여친 후 ❸으로 단수치면 흑이 한 수 빠른 수상전이 된다.

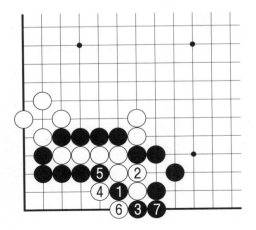

그림3 (변화)

흑❶ 때 백②로 잇는다면 흑❸·❺가 중요한 수순이다. 이하 흑❼까지 이 역시 흑이 한 수 빠른 수상전이다.

비상 수단

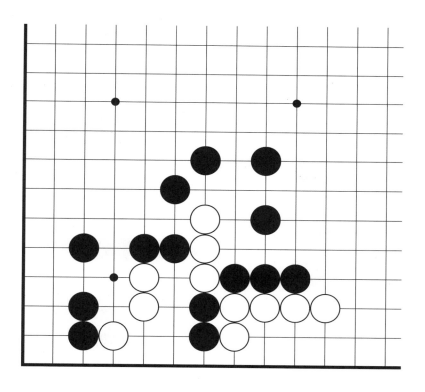

단순한 방법으로는 흑이 수상전에서 이길 수 없다. 위기를 모면하는 절묘한 맥점이 있다.

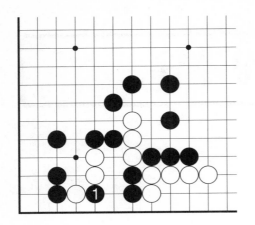

그림1 (정답)

흑❶로 붙이는 것이 생각하기 힘든 예리한 맥점이다. 이 한 수에 백은 응수가 끊기고 만다. 계속해서….

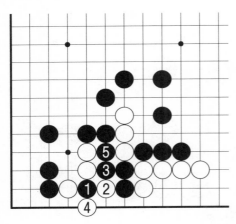

그림2 (계속)

앞 그림에 계속해서 백②로 단수친다면 흑❸을 선수한 후 ❺에 연결해서 중앙 백을 포획할 수 있다.

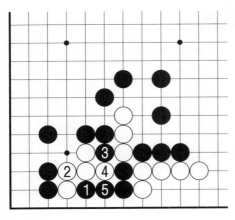

그림3 (변화)

흑❶ 때 백②로 잇고 버틴다면 흑❸으로 절단한 후 ❺에 이어서 그만이다. 수상전은 흑승.

유사형

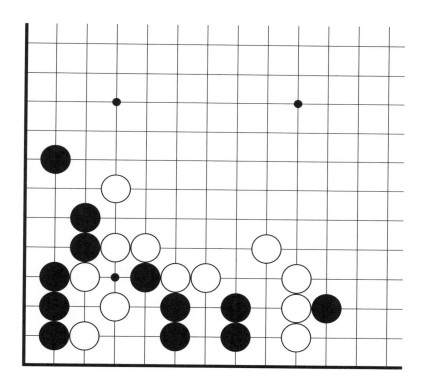

앞 문제를 충실하게 풀었다면 어렵지 않게 풀 수 있는 문제
이다. 첫 수만 발견하면 다음은 간단하다.

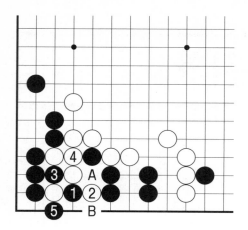

그림1 (정답)

흑❶로 붙이면 모든 것이 순조롭게 해결된다. 계속해서 백②에는 흑❸을 선수한 후 ❺에 따내서 그만이다. 이후 흑은 A와 B가 맞보기이다.

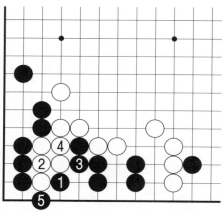

그림2 (변화)

흑❶ 때 백②로 잇는다면 흑❸을 선수한 후 ❺에 넘어서 문제를 간단히 해결할 수 있다.

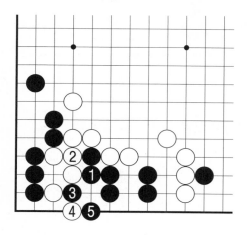

그림3 (실패)

단순히 흑❶로 잇는 것은 수순 착오이다. 백② 때 뒤늦게 흑❸으로 붙여도 백④로 단수치면 흑❺까지 패로 버티는 정도이다.

절묘한 연결

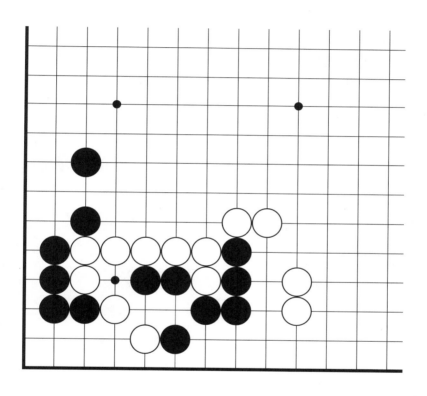

하변 흑 대마가 모두 잡혔다고 절망하기에는 이르다. 절묘한
맥점으로 위기를 모면한다.

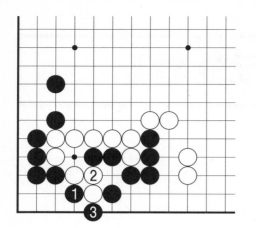

그림1 (정답)

흑❶로 젖히는 것이 절묘한 맥점이다. 계속해서 백은 ②로 잇는 정도인데, 흑❸으로 넘어서 문제가 간단히 해결된다.

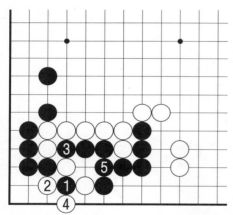

그림2 (변화)

흑❶ 때 백②로 단수치는 것은 무리수이다. 흑은 ❸을 선수한 후 ❺에 이어서 백을 잡고 살 수 있다.

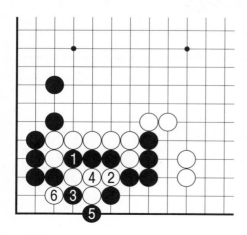

그림3 (실패)

곧장 흑❶로 끊는 것은 백②의 환격이 기다리고 있다. 계속해서 흑❸으로 단수친 후 ❺에 두어 넘는 형태를 취해도 백⑥이면 큰 손해를 입게 된다.

절묘한 급소

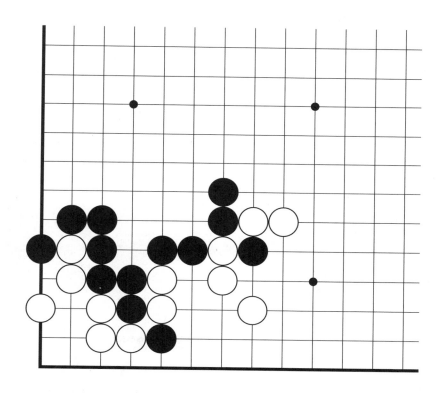

백의 약점을 교묘하게 추궁하면 큰 이득을 취할 수 있다. 첫
수가 중요하다.

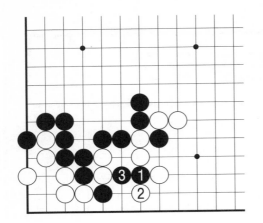

그림1 (정답)

흑❶로 꺼붙이는 것이 절묘한 맥점이다. 이 한 수에 백은 응수가 끊기고 만다. 계속해서 백②의 단수엔 흑❸으로 단수쳐서 그만이다.

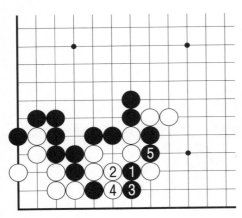

그림2 (변화1)

흑❶ 때 백②로 단수친다면 흑❸으로 내려서서 그만이다. 결국 백④로 보강해야 하는데, 흑❺로 단수쳐서 백 두 점을 잡을 수 있다.

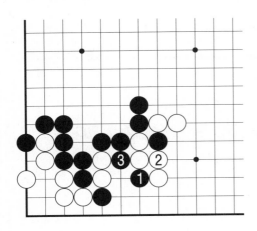

그림3 (변화2)

흑❶ 때 백②로 보강한다면 흑❸으로 단수쳐서 백 두 점을 잡을 수 있다. 참으로 대단한 맥점의 위력이다.

양쪽을 보강

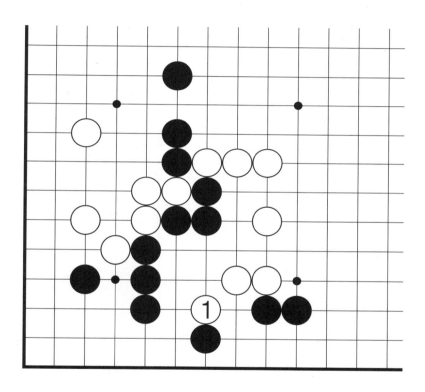

백①로 입구자한 장면이다. 백①은 흑의 양쪽 단점을 노리겠
다는 뜻이다. 능률적인 보강 방법은?

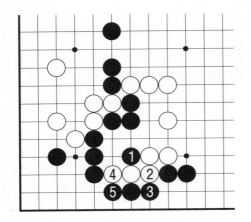

그림1 (정답)

흑❶로 꺼붙이는 것이 능률적인 보강법이다. 계속해서 백②·④에는 흑❺까지 양쪽이 모두 무사하다.

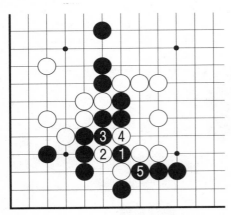

그림2 (변화)

흑❶ 때 백②로 단수친다면 흑❸으로 이어서 그만이다. 이하 백④에는 흑❺로 두어서 아무런 이상이 없다.

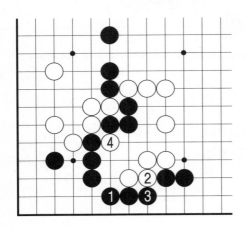

그림3 (실패)

단순히 흑❶로 뻗는 것은 의문이다. 백②를 선수한 후 ④에 끊으면 중앙 흑 석 점이 잡히고 만다.

정확한 수순

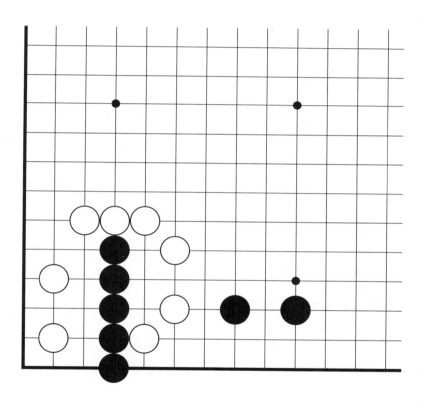

백의 약점을 찔러서 좌우 흑을 연결시키는 문제이다. 수순이
특히 중요하다.

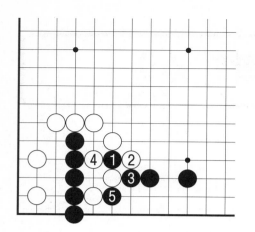

그림1 (정답)

흑❶로 끼우는 것이 맥점이다. 계속해서 백②에는 흑❸을 선수한 후 ❺에 껴붙여서 손쉽게 연결이 가능하다.

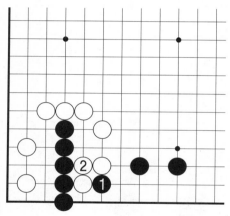

그림2 (실패1)

먼저 흑❶로 껴붙이는 것은 수순 착오이다. 백은 단수치지 않고 ②로 이어서 둘 것이다.

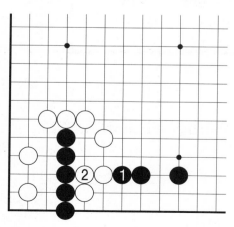

그림3 (실패2)

흑❶로 치받는 수 역시 좋지 않다. 백②로 보강하고 나면 더 이상 수단의 여지가 없다.

통렬한 추궁

문제 62

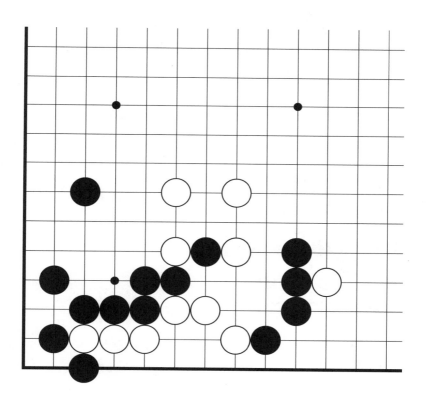

하변 백 전체를 절단해서 잡는 문제이다. 평범한 방법으로는
절단이 불가능하다. 정답은 의외의 곳에 있다.

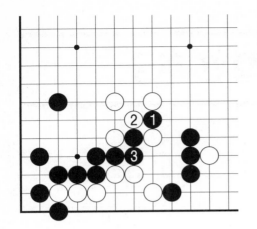

그림1 (정답)

흑❶로 끼우는 것이 생각하기 힘든 맥점이다. 계속해서 백②의 단수에는 흑❸으로 이어서 절단이 가능한 모습.

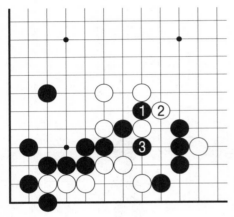

그림2 (변화)

흑❶ 때 백②로 단수친다면 흑❸으로 두어서 손쉽게 백을 잡을 수 있다.

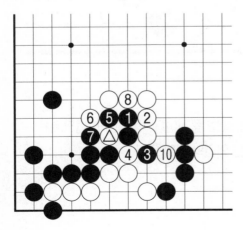

그림3 (실패)

흑❶로 뻗어도 절단할 수 있을 것 같지만 이하 백⑩까지의 진행에서 보듯 흑의 실패이다. (흑❾…백△)

요석 포획

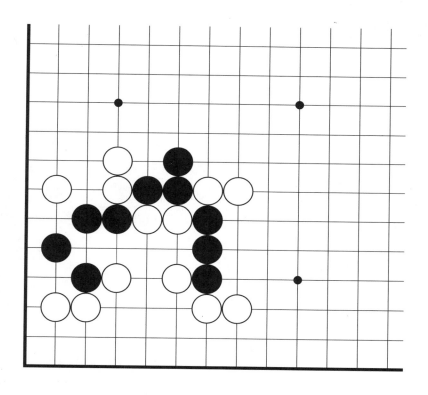

흑은 여러 곳이 끊겨 수습 불능의 형태이다. 그러나 맥점 한 방
이면 모든 것이 일시에 해결된다.

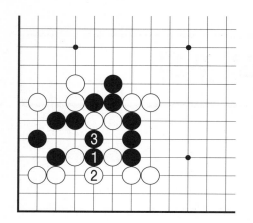

그림1 (정답)

흑❶로 끼우는 것이 절묘한 맥점이다. 계속해서 백②로 단수친다면 흑❸으로 이어서 백 두 점을 잡고 안정할 수 있다.

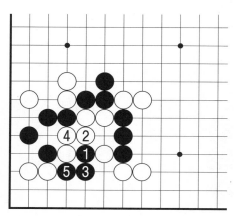

그림2 (변화)

흑❶ 때 백②로 단수치는 것은 더욱 좋지 않다. 흑❸으로 이은 후 백④ 때 흑❺로 끊으면 백의 손해가 막심하다.

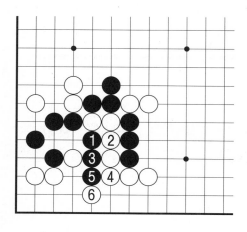

그림3 (실패)

단순하게 흑❶로 단수치는 것은 백②로 잇게 해서 실패이다. 흑❸·❺로 추궁해도 백⑥까지 넘고 나면 흑돌만 잡힐 뿐이다.